時局発言！

読書の現場から

上野千鶴子

WAVE出版

時局発言!

読書の現場から

まえがき

本は生ものだ。てゆうか、読書は生ものだ。

本書を編んで、そう思う。

たとえ古典を読んだって、読書はいつも「いま」と対話している。

毎日新聞の読書欄に、「読書日記」という連載コラムがある。４人の執筆者のひとりとなって、２０１２年から２０１６年までおよそ４年間、毎月１回のペースで書き続けた。３・11後初の国政選挙から２０１５年夏の国会前まで。そのあいだ、ＳＥＡＬＤｓと共に「安保法案に反対する学者の会」の一員として国会前でスピーチしたり、都知事選で街宣車の上に乗ったりした。つまり、わたしは観察者であっただけでなく、時局をつくる当事者でもあった。

月１回の連載コラムを、３大全国紙のひとつに持たせてもらうのは得がたい機会だった。とりわけ毎日新聞は、部数を減らしたとはいえ、そのリベラルな姿勢で固定ファンを持っていた。わたしの教え子にも、３大紙のなかでは労働条件がいちばん悪いけれども自由にしごとをさせてもらえそうだという理由で、わざわざ毎日新聞社を選んだ学生がいる。

字数１３００字。１冊の本を紹介するには、やや字数が多く、詳細に立ち入ることができる代わりに、紙面に制約のある新聞書評欄で１冊にそれだけの分量を使うのはいかにももったいない。それに「読書日記」といえば、ふつう「×月×日　何々を読む」という文字どおりの日記スタイルで書かれることが多い。何冊かの本の紹介や感想を述べても、そのあいだに脈絡がないのがふつうだ。だいたい人はそんなに系統的に本を読んだりしないからだ。複数のジャンルにまたがる読書遍歴を通じて、読者が知ることができるのは、書き手のライフスタイルやキャラクターであって、本そのものではない。

それなら、と読者にとって少しでも情報量のある書評欄にしたい、と思った。同じ主題のもとに複数の本をまとめて論じるというスタイルを採用し、読書案内にもなるおトクな書評欄を目指した。

参考になるモデルがあった。端倪すべからざる書評家にして文芸批評家の斎藤美奈子さんが、筑摩書房のＰＲ誌『ちくま』に連載している「世の中ラボ」である。この連載では、毎回「リベラルはどこがダメかを検証する」とか「田中角栄ブームの背後にあるものは何？」などのひとつの主題のもとに、３冊の本を選んで斎藤さんが批判的に紹介する。互いに対立する見解を含む本も取り上げられているので、複眼的な見方ができて勉強になる。読んだことのない本が多く、書評がそのまま読書案内にも世相診断にもなっている、ユニークで刺激的な連載である。なんと２０１６年12月ですでに80回にわたって連載が続いていることを発見した。毎回新しいテーマを設定し、それに関連する３冊の本を選んで、そこに鋭く切り込む……なみたいていのことではない。同じ時期に並行して、別のＰＲ誌、岩波書店の『図書』に「文庫解説を読む」というこれもまた抱腹絶倒の読み直しプロジェクトを毎月連載していたのだから（こちらは終わったようだが）、頭が下がる。ネタを仕込み、準備しなければ書けない連載を複数持って走り続ける斎藤さんの生産力には、かねてより感服していた。

で、敬意を持ってその後塵を拝そうと思い、同じように毎月ひとつの主題を設定して、最低３冊の相互に関連する本を紹介し、批評するというスタイルを提案し、毎日新聞の担当者に受け入れてもらった。このスタイルなら、新刊だけでなく旧刊や古典も、無理なく組みこむことができる。

いきがったのはよいが、さあ、スタートしてからがたいへん。予測していたとはいえ、毎月ネタの仕込みに追われることになった。なにしろ思いつきで書けるエッセイとは違い、まず本を選んで読まなければならない。読まずに書くひともいそうだが、そんなわけにもいかない。読書量と読むスピードは人後に落ちないつもりだったが、これまで手当たり次第に読んできた本を、系統的に選んで紹介するという作業は、思ったよりも負担が重かった。

書き始めてみたら、時代の「いま」と伴走する書物を選ぶことになった。そして当然のように、書物の書き手であるわたし自身も、その「いま」のつくり手のひとりだった。だから本の紹介はただの紹介では終わらない。そのなかに、わたし自身の活動も主張も、おのずと込められた。

書物を読みながら、走りながら、書いた。

だから、「時局発言!」なのである。

本書には日本と世界が激動したこの4年間のわたしの軌跡が、そのまま刻印されている。

著者

時局発言！
読書の現場から
もくじ

装丁・本文デザイン（目次・扉・索引・奥付）
小口翔平＋上坊菜々子（tobufune）
本文デザイン（本文）
安田真奈己
イラスト　つのがい
校正　小倉優子
編集協力　中野園子
編集　寺門侑香

第1章 社会を変える

民主主義を動かす若者たち

２０１５年の流行語大賞になってもおかしくなかったのが、「民主主義」ということばだ。教科書にしかなかった「立憲主義」も、人口に膾炙《かいしゃ》した。それもこれを踏みにじった安倍政権のおかげ。民主主義とは国民が主権者だということだから、憲法を守る義務があるのは国民よりも政治家や公務員の方だというあたりまえの主権者意識が、国民のあいだに拡《ひろ》がった。

たてつづけに「民主主義」をタイトルに含む本が世に出た。朝日新聞の論壇時評に５年間という史上最長不倒記録（！）をうちたてた作家の高橋源一郎さんが、過去４年間の「時評」をまとめたものに、**『ぼくらの民主主義なんだぜ』**というタイトルを冠した。11年から15年までといえば、あの大震災から自民党が政権に復帰した国政選挙を経て、とつぜんの「消費増税先送り」解散、そして集団的自衛権行使容認の解釈改憲、特定秘密保護法成立までの４年間だ。本書が刊行された15年５月には戦争法案こと、安全保障関連法案が国会に上程されていた。それから事態は国会の内でも外でも急展開したのだけれど、それまでの4年間のテーマを串刺しにするように「民主主義」ということばが浮かんできた、という高橋さんの直観は正しかった。

2015年夏の国会前の熱気を反映するかのように、高橋源一郎×SEALDsによる『**民主主義ってなんだ?**』が、緊急出版された。それに呼応するように出たのが、デザイン、装丁、構成、文章まで、若者たちが自分の手で作り出した『**SEALDs 民主主義ってこれだ!**』。

国会前のかけ声のなかで、もっとも感動的だったのが「民主主義ってなんだ?」「これだ!」のコール&レスポンスではなかっただろうか。民主主義は遠い未来や幻想じゃない、たったいま、ここにある、「わたしの声」を届かせようとするひとりひとりの実践のなかにある、という強い肯定がその場にはあった。

ジョン・レノンがオノ・ヨーコと恋に落ちたときのエピソードがある。ヨーコの個展に行ったジョンが、ハコに開けた小さな穴から覗《のぞ》く仕掛けの先に見たものが、「YES」という一語だったから、というもの。それが「NO」であっても意外ではなかった。だが、NOではなくYESというまったき肯定のサインを見て、ジョンはヨーコに心を動かされたのだという。

「民主主義ってなんだ?」「これだ!」には、ハンパなシニシズムや無力感、絶望感をはねかえす力強い肯定の感覚がある。まっとうなことをまっとうに言うひとたちに対して、久しく「純粋まっすぐ正義くん」などと揶揄《やゆ》してきた、訳知りで斜にかまえた評論家ふうの物言いをはねとばす勢いがある。バイトやデートに行くこととデモに行くこととが等距離で並ぶような、悲壮感のない日常性の感覚がすこやかだ。

ＳＥＡＬＤｓの奥田愛基《あき》くんは「民主主義は道具だから、使い方に習熟しなければならない」という。日本はおよそ40年間デモの経験値のない社会を継続してきたが、彼らは、「デモなんかやっても意味ない」「何を言ってもムダ」という若者を揺り動かして起こす役割を果たした。「１００年後も心配はない。たぶんまた誰かが始めるから……」。こんな歴史に対する信頼のことばがまぶしい。

２０１６年は18歳選挙権が施行された年。18、19歳の有権者２４０万人の選択は、どんなものだったろうか。それ以前に彼らが生きる学校や家庭、地域社会が「言ってもどうせムダ」と、声を封殺していく場であることが気になる。

「民主主義」はひとつではない

国会で、特定秘密保護法という、民主主義が自らの首を絞めるような法律が強行採決され、民主主義の危機だ、民主主義は機能していないんじゃないか、いや民主主義はもともと不完全な制度だ……と議論がかまびすしい。民主主義が議論の俎上《そじょう》に載せられる時代は、民主主義にとってこのましくない時代だろう。

なにしろ世界で一番民主的と言われたワイマール憲法のもとで、きわめて民主的にヒトラーの独裁政権を生むこともできる点で、民主主義はその自殺行為を「民主的」に決めることすらできる制度だから。そしてそのナチスをお手本にしたらよい、と現政権の副総理が発言する社会なのだから。

想田和弘さんの『**日本人は民主主義を捨てたがっているのか?**』はおそろしい本だ。2度の国政選挙の結果を分析して、消費者と化した有権者、という鋭い指摘と共に、想田さんはタイトルのような結論に至る。だが有権者が消費者なら、目利きにならなければ質のよい商品やサービスは手に入らないはず。政治が商品の質の悪さから消費者に見捨てられた企業だとしても、その企業の株主が自分たちであることを忘れてはならないのが「国民主権」の意味だろう。ツケは自分にまわってくる。

宇野重規さんの『**民主主義のつくり方**』の刊行を記念した紀伊國屋書店のブックフェア、「民主主義を自分たちに取り戻すための50冊」のリストが参考になる。「民主主義への不信が募っている」……これが宇野さんの本の出だしだ。前半が民主主義の誕生から始まる原理的な考察、後半が「民主主義の種子」と題して、各地で生まれ育っている市民的な活動の紹介に充てられている。民主主義は大文字の「政治」に関わるだけのものではないのだ、という著者の柔軟な姿勢があらわれた好著である。

とはいえ、本書を読んだからといって、何をどうしたらよいかは直ちにわからない。國分功一郎さんの『**来るべき民主主義**』は、自身が関わった小平市都道328号線計画をめぐって挫折に終わった住民投票を事例に、代議制民主主義の限界と直接民主主義の可能性を問うている。

そう、民主主義はひとつではない。代議制民主主義（代表制民主主義とも間接民主主義とも呼ばれる）は、民主主義の不完全な形式のひとつだ。それを「代表制民主主義とは、エリート（選良）政治であることで衆愚観に立ち、政治参加を4年に1回の投票に制限することで、市民の政治参加を促進するよりは抑制するシステム」という目の覚めるような明快さで教えてくれたのは、山崎望さんだ。そう思えば、議会が住民投票をきらう理由もよくわかる。その山崎さんに、國分さんとそっくりなタイトルの『**来たるべきデモクラシー**』がある。また宇野重規・田村哲樹・山崎望の共著による『**デモクラシーの擁護**』もある。これら若手の論客にとっては、民主主義とは変化しつづける未完のプロジェクトであり、そこには「再帰的伝統化」（ナショナリズムや原理主義）や暴力や排除などの障害が立ちふさがっているのだ。

民主主義はひとつではない。そして民主主義は完成品ではない。ポスト代表制民主主義論のひとつであるエルネスト・ラクラウとシャンタル・ムフの『**民主主義の革命**』が主張するように、「ラディカルで複数的な民主主義」が求められているのだろう。

70年殺し殺されなかった日本

このところ、なにやら不穏な空気が漂っている。「茫々《ぼうぼう》としてなんだかおぼつかない。不安でもある」と辺見庸さんは言う。「何かこう、右を向いても左を向いても『お先真っ暗』な今日この頃《ごろ》である」と斎藤美奈子さん。「ひどく気が滅入《めい》る。この社会が、破滅への道をまっすぐにたどっているように感じられておそろしくなる」というのは、本田由紀さんだ。「戦後最悪の状況」と呼ぶひともいる。

２０１４年秋に国民多数の反対を押し切って強行採決された特定秘密保護法が２０１５年12月10日から施行された。７月１日には集団的自衛権を認めるよう解釈改憲が閣議決定された。武器輸出三原則は緩和され、ＯＤＡ（政府開発援助）は軍の後方支援をしてもよくなった。このままでは非核三原則が崩れるのも時間の問題のような気がしてくる。いずれも安倍政権になってから、矢継ぎ早に起きていることだ。

２０１５年10月８日、日本弁護士連合会主催で抗議集会「閣議決定撤回！憲法違反の集団的自衛権行使に反対する」が日比谷野外音楽堂で開かれた。日弁連会長の村越進さんは、

「日弁連はこれまでいちばん燃えています」と言う。それもそうだ。法の根幹である憲法と、立憲主義が揺らいでいるのだもの。法律家のよって立つ基盤が激震を起こしては、立っていられない。会場に招かれたわたしはスピーチのなかで、こんなパロディを披露した。

「憲法を解釈だけで変えられる　だから7月1日は壊憲記念日」

47年前の10月8日、わたしと京大の同期生だった山崎博昭君が羽田闘争のさなかで死んだ。10・8闘争は反戦闘争だった。あの頃、ベトナム戦争は近く、沖縄は北爆の後方基地だった。戦争はイヤだ、アメリカの戦争の共犯者になるのはイヤだ、という思いが国民のあいだにあったのに、それから半世紀後、日本はすすんでアメリカの戦争の協力者になろうとしている。

集会で元内閣法制局長官の宮崎礼壹さんは、どこをどうついても憲法9条から集団的自衛権は出てこない、と断言した。奥平康弘・山口二郎編『**集団的自衛権の何が問題か**』は、20人の法学や政治学の論者が専門的な立場から集団的自衛権を批判したもの。本書のなかでインタビューに応じた元防衛相の北澤俊美さんですら、「安倍政権のやり方には無理がある」、行使を容認したいなら憲法を改正すべきだと指摘する。

そんなに戦争がしたいのか？　76歳になるなかにし礼さんが宇野亞喜良さんのイラストとともに、朗読CDつきの絵本詩集『**金色の翼**』を出した。なかにしさんといえば、満州からの引き揚げ者。敗戦の悲惨さを身をもって味わったひとだ。彼がそのなかでこういう。

「君は戦場に行ってはならない／なぜなら君は戦争にむいていないからだ／世界史上類例のない／六十九年間も平和がつづいた／理想の国に生まれたんだもの／平和しか知らないんだ／平和の申し子なんだ」

国民の5人に4人が戦後生まれになった今日。もういちど平和憲法を選びなおそう、そう思って書いたのが、わたしの著書『**上野千鶴子の選憲論**』だ。

来年こそ「憲法9条」のノーベル賞受賞をねらおう。なにしろ70年にわたる平和の実績があるのだから。

政治を必ず変える民意の熱気

「みなさん、あたらしい憲法ができました。……このあたらしい憲法をこしらえるために、たくさんの人々が、たいへん苦心をなさいました。……ところでみなさんは、憲法というものはどんなものかごぞんじですか。じぶんの身にかゝわりのないことのようにおもっている人はいないでしょうか。もしそうならば、それは大きなまちがいです。」

この高らかな宣言は、１９４７年に文部省（当時）が発行した中学1年用の社会科の教科書『**あたらしい憲法のはなし**』の冒頭である。復刻版が童話屋から２００１年に刊行され、14年に14刷20万部超と版を重ねている。この教科書で憲法を学んだ世代は、いま80代。あたらしい憲法ができたときの興奮とよろこびを覚えているだろう。この教科書は１９５２年４月以降、使われなくなった。占領期の「逆コース」と共に、朝鮮戦争が始まり、日本が「反共の砦《とりで》」となったからであろう。

日本国憲法は誕生してまもなくから、逆風にさらされてきた。55年に自由党と民主党が合同して結党した自由民主党の党是は、当初から「憲法改正」。その正統を受け継ぐと自任する安倍総理は、結党以来の宿願の達成が自分の歴史的使命だと感じているようだ。

あたらしい憲法は欠陥だらけ、それならと早くから「憲法改正」を唱えるひとたちは、ほかにもいた。はやくも49年に、丸山眞男、鵜飼信成、辻清明、磯田進、中村哲らをメンバーとする公法研究会が「憲法改正意見」を提出している。

そこには、のっけから「前文」の「日本国民」という言葉を「日本人民」と改めるとある。また「その権力を国民の代表者がこれを行使し」とあるのを「その権力を人民が行使し」と改めるとする。というのも、「国民の代表者」とは「間接民主主義を意味している。しかるに……民主主義の根本原則……はあくまで直接民主主義をいみする」からである。第1章第1条の「天皇」を廃し、「人民主権を宣言する章を設ける」べきである、とラディカルである。

この「憲法改正意見」は、83年刊の武相民権運動百年記念実行委員会編『**続・憲法を考える　五日市憲法百年と戦後憲法**』に収録されている。「五日市憲法」といえば、歴史学者色川大吉さんが発見し、最近では皇后陛下がごらんになって高く評価された「民権（人民主権）憲法」である。その色川さんの近著に『**五日市憲法とその起草者たち**』がある。

立憲主義のもとでは、憲法遵守《じゅんしゅ》義務を持つのは天皇以下、内閣、国会議員、公務員などであるが、今や違憲内閣、違憲国会を持つ日本では、天皇と皇后が最大の憲法遵守者かもしれない。

多数派の専制が既成事実として積み重ねようとした決定を、民意が押し戻した例がある。新国立競技場案の白紙撤回である。森まゆみさんたちが『**異議あり！　新国立競技場**』のキャンペーンを始めた頃、正直に言うが、わたしは言ってもムダ、としらけた気分でいた。だが、おかしい、ヘンだ、と声を上げつづけた人たちの熱意がついに政治を変えた。

歴史社会学者の小熊英二さんが、ドキュメンタリー映画「首相官邸の前で」を製作した。3・11以後の脱原発運動の記録を、さまざまな人たちのブログやＹｏｕＴｕｂｅから集めて編集したという、手法においても画期的な集合的プロジェクト。

「デモで社会は変わりますか？」という問いに、柄谷行人さんは「デモのできる社会に変わる」と答えた。２０１５年夏の国会前の熱気は、その延長線上にある。官邸前の脱原発デモは最大時で20万人に達した。60年安保闘争のときのように、国会を20万から30万の人々が囲めば、政治は必ず変わるだろう。

政治的シニシズム40年の責任

民主主義をタイトルに入れた本の刊行が続いている。ひとつは『**私の「戦後民主主義」**』。赤川次郎さん、柄谷行人さん、久米宏さん、寺島実郎さんなど総勢38人が寄稿している。急逝した津島佑子さんも原稿を寄せている。

もうひとつは『**18歳からの民主主義**』。憲法学者の青井未帆さんからジャーナリストの荻上チキさん、昨年亡くなった反骨の人、むのたけじさんまで。構成は「民主主義のキホン」から始まって「選挙。ここがポイント!」「立ち上がる民主主義!」とこんせつていねい。主権者教育の副教材になるだろう。オトナが読んでもオススメ。わたしはその両方に寄稿した。

15年夏の国会前。ＳＥＡＬＤｓの若者たちのコール、「民主主義って何だ?」「民主主義ってこれだ!」の肯定のコトバがまぶしかった。抗議や告発でなく、自己肯定のコトバ。40年前の全共闘世代は「自己否定」を唱えたのではなかったか。その若者たちに引きずられて、40年ぶりに国会前に登場したオジサマ・オバサマについて、小林哲夫さんの『**シニ**

ア左翼とは何か』がその背景をよく調べて書いている。

２０１５年夏。１９７０年から続いた政治的シニシズムが、ついに転機を迎えた、と感慨を持った。デモなんかやったってどうせ世の中変わらない、社会運動やるヤツはバカ、という冷笑的な態度のことだ。２０１６年夏の参院選にＳＥＡＬＤｓが掲げた目標投票率は75％。前回の国政選挙の投票率が52％。投票行動を研究している政治学者によれば、投票率が20ポイント上がれば、結果が変わるという。ならば52％に20％を加えたら7割を超える。75％は高い目標値ではあるが、根拠のある数字だ。この選挙は、憲法改正国会を成立させるかどうかの選挙になるはずだった。

今の憲法ができたばかりの47年に、文部省が小中学生向けに書いた『**あたらしい憲法のはなし**』というすてきな副読本があることを、すでに紹介したが、今度出たのは自爆連こと「自民党の憲法改正草案を爆発的にひろめる有志連合」による『**あたらしい憲法草案のはなし**』。めっちゃよくできている。自民党改憲草案のこわさがよく伝わる。爆笑！しているうちに、背筋が凍る、そんなパロディーの効果満点。

売れ行きがよくて入手が難しいと聞いていた、菅野完さんの『**日本会議の研究**』の3刷目を手に入れた。現在の「憲法改正内閣」の背後にある勢力の徹底的な実証研究である。

第3次安倍内閣の閣僚の3分の2が日本会議会員だ。菅野さんは自民党改憲案が、日本会議の改憲構想にぴったりあてはまっていることを暴く。彼らのターゲットもまた、9条改正よりも新9章「緊急事態」にある。

わかったのは、日本会議の中心的なリーダーが、70年の民族派学生運動の活動家たちであること。政治的シニシズムが支配したこの40年間に、彼らが市民運動の王道（署名、請願、集会、デモなど）をうまずたゆまず継続して、今日の勢力を確保したことだ。

反民主的な政治思想を掲げる集団が、民主的な運動手法を採用するアイロニー。帯には「市民運動が嘲笑の対象にさえなった80年代以降の日本で、めげずに、愚直に、地道に、そして極めて民主的な、市民運動の王道を歩んできた」とある。この「一群の人々」によって「日本の民主主義は殺されるだろう」とも。パロディーに笑っている場合ではない。

それにしても。70年代のツケは、こんなにも長きにわたって尾を曳《ひ》いているのか……と世代の責任を痛感させられる。

「ネトウヨ」とは何者か？

情弱こと情報弱者のわたしが読んでもわかる、ネットの本が出た。

ニコニコ動画の発信元、ドワンゴの川上量生さんが書いた『**鈴木さんにも分かるネットの未来**』。「鈴木さん」とは、スタジオジブリのプロデューサー、鈴木敏夫さんのことだ。日本の伝統工芸のようなアニメには詳しいが、ネットには弱い。プロデューサーの勉強のために鈴木さんに師事した川上さんは、鈴木さんから、代わりにデジタルデバイド（情報格差）の上の年齢の「ぼくにもわかる」ネットについての本を書いてくれ、という要請を受けた。鈴木さんはわたしと同い年。鈴木さんにわかればわたしにもわかるだろうと思って、読んだ。

思いがけない収穫は「ネトウヨ」と呼ばれるひとびとの生態について知ったことだ。ネット界の住民は名前も性別も年齢も不詳。よくわからないひとびとだが、まだネット界が開拓地だったころの住民たちは「リア充《じゅう》」を仮想敵としてヴァーチュアルな世界にニッチを求めた人々らしい。

「リア充」とは「リアリティ（現実生活）が充実した人」の略称。男なら学歴があって職があって女にもてて、明るい生活を送っているひと。そんなひと、どこにいるんだ？　と思うが、妄想の産物だからしかたがない。「非リア（充）」を自称するひとたちは正義を掲げるマスコミを「マスゴミ」と毛嫌いし、ことごとくそれと対立した。何であれ、マスコミと反対のことを言えばよいという風潮が生まれた。

若手の政治学者、山崎望さん編の『**奇妙なナショナリズムの時代**』に収録された社会学者、伊藤昌亮さんの「ネット右翼とは何か」の分析によると、このネット界の空気が「嫌韓・嫌中」と結びついたのは歴史の偶然によるという。反マスコミの空気は２００２年の日韓サッカー・ワールドカップを契機に「反日メディア」朝日新聞批判にも結びついたが、同時に韓流ドラマを過剰に放映する（と彼らには思えた）２０１１年のフジテレビへの抗議デモにも結びついた。その頃までは、ネット界の住民は、自分たちがリアルの世界では報われない少数派だという自意識を持っていたようだ。

だが、川上さんは、次の新世代のネットユーザーは、ヴァーチュアルとリアルとを区別しない相互乗り入れ型のネットの利用者たちであり、この層が膨大になったので、「ネトウヨ」世代はネット界でも少数派になったという。

そのひとびとはどこに行ったのか？　ジャーナリスト古谷経衡さんの**『ネット右翼の終わり』**はその歴史的変化について教えてくれる。「前期ネット右翼」から「後期ネット右翼」への移行は、川上さんや伊藤さんの分析と対応している。ネット右翼全般に理論武装を備給しているのは保守論壇だが、彼らから派生した「ネトウヨ」こと「狭義のネット右翼」はまともに本や新聞を読まずに扇情的な見出しにだけ反応する「ヘッドライン寄生」（うまいネーミングだ）をしているだけの人々なのだとか。保守論壇の影響下にある「広義のネット右翼」と、行動右翼を含む「狭義のネット右翼」とを区別して、「ヘイトスピーチ」を生み出す後者を激しく非難する。ふーん、知らなかった、という発見の連続だ。

批判的知性とは、自分が不愉快な対象をも研究し理解しようとする姿勢のことだと、さる人が言っていた。周囲にそんな人がいないので理解できない「異文化」についても、われわれは知っておいたほうがよい。

現代史教育、軽視のツケ

「わたしは天皇を敬うことは当然だと思う」
「わたしは国歌として『君が代』を強制すべきだと思う」
「知覧にある『特攻記念館』へ行ったら、先生も英霊に敬意を持たずにいられないはずです」

これらの発言は、20歳前後の大学生が授業の感想として書いたものだ。
「わたしはこのような方が、一橋大学で授業をなさっていることに恥を覚えました」とある「このような方」とは、戦後補償裁判などで有名な闘う人権派弁護士、内田雅敏さん。著書『**想像力と複眼的思考**』のなかで紹介している。なかには「わたしとは違う意見、見解を聴くことができて勉強になった」「天皇制の批判や、国旗・国歌法に対する反対意見を直接耳にするのは初めてであったので衝撃的」などという感想もある。

内田さんはひとりひとりにていねいな返信を書く。「ぼくの受講票での感想には、礼を欠いた表現まで入ってしまっていたにもかかわらず、ごていねいなお返事をたまわり、大変光栄です」と記す、礼儀正しい学生たちである。

「日本人なら国を愛するのが当然」「そんなにイヤなら日本を出て行けば?」と言い、あまつさえ在日韓国・朝鮮人に対して「殺せーー」「たたきだせーー」と街頭で叫ぶひとびと。そのなかに女性がいる、しかもベビーカーを押す若い母親さえも。彼女たちはいったいどういうひとびとなのか?

対立するのではなく、その声に耳を傾けようと現場へ赴いたのが、北原みのりさんと朴《パク》順梨《スニ》さんの**『奥さまは愛国』**だ。

「従軍慰安婦はウソつきの売春婦」「私たちのおじいさんはやってなぁあああぃい!」。なぜなら、ネットにそう書いてあるから。ネットが新聞はウソつきだと言うから。

なぜ、いつのまに、日本はこうなってしまったのだろう? 多様な意見を許容せず、ひとりよがりで夜郎自大なナショナリズムにたてこもり、弱いものいじめの排外主義に陥り、根拠のないデマを信じ、聞くに耐えない悪罵を浴びせる。このひとたちにも、何かそれぞれの事情があるに違いない。

もしかしたら仲間になったかもしれない姉妹たちへ、声を届けようとしているのは辛《シン》淑《ス》玉《ゴ》さんたちがつくった「ヘイトスピーチとレイシズムを乗り越える国際ネットワーク」こと略称「のりこえねっと」だ。その共同代表には、鈴木邦男さんから村山富市さんまで21名が名を連ねている。わたしもそのひとり。**『ヘイトスピーチってなに？ レイシズムってどんなこと？』**にその活動が載っている。右翼の鈴木さんは、ヘイトスピーチデモに日の丸は使ってほしくない、という。なぜなら日の丸が汚れるから。

ヘイトスピーチって聞き慣れないことばについて知りたければ、師岡康子さんの**『ヘイト・スピーチとは何か』**が役に立つ。ヘイトスピーチとはマイノリティに対する差別と攻撃の言論、ヘイトクライムとはその行為だ。師岡さんは言う。「これまでの学校教育は現代史を軽視し、侵略と植民地支配の歴史をほとんど教えてこなかった」、そして「日本の権力の差別政策自体がヘイト・スピーチの主原因であるのに、現政府に差別政策への反省が見られない」ときっぱり指摘する。

それにしても保守は世代交代に成功したが、対抗勢力は世代交代に失敗した……と思わないわけにいかない。日本の戦後歴史教育は、現政権の思惑通りの結果をもたらしたというべきだろうか。

愛国女性たちの弱さ嫌悪

いつから日本はこんなことになったのだろう？　在日外国人に対して、「死ね」「殺せ」「イヤなら出て行け」と、公共の場で暴言が吐かれるようになったのは。ネットの世界には、少数者に対するいじめとしか思えない、聞くに堪えない暴力的なことばが、それ以前から横行していた。だが、ネットにはアクセスしなければそれですんだ。バーチュアル空間にあった夜郎自大で傲慢なホンネが、しだいにリアル空間にもれだしてきた。

いま、嫌韓・嫌中の旗をかかげた人たちが、街頭で声高に叫ぶヘイトスピーチと言われる行動が目につく。それも拡声器をつかって。そしてあろうことか、その映像を自慢げにネット上にアップしさえする。直接その場に接したことのないわたしは、映像を見て絶句した。

ひとのこころのなかには、闇がある。嫉妬や憎悪、他人の苦しみを喜ぶ卑劣な優越感。それを否定することはできない。法や権力がひとの内面に立ち入れないように、良心の自由だけでなく悪意の自由だってある。触法行為をしないかぎり、それをとりしまることは誰にもできない。だが、公共の場に出てくるのは別だ。
日の丸だけでなく大日本帝国の軍旗である旭日日章旗を掲げて、「殺せー」「たたきだせー」と口ぎたなくののしるひとびと。そのなかに、女がいる。しかもベビーカーを押した若い母親が。

なぜ？　？　？という疑問を追及したのが北原みのりさんと朴順梨さんの共著、『**奥さまは愛国**』だ。在日の朴さんは取材自体が怖かったと言う。北原さんは地獄だった、と言う。ふたりとも「1人じゃ書けなかった」とも。そして「書いてよかったよ」と言う。彼女たちの取材に「愛国」を標榜する女性たちが、実名で登場する。それは彼女たちが相手をモンスターとしてではなく、「あなたを理解したい」と手をさしのべたからだ。だからといって相手との溝は埋まらないが、いくつかの示唆は得られる。

「愛国」女性たちがひっかかっているのは「慰安婦はウソつき」「慰安婦は売春婦」という認識だ。しかもそれを女の口から言うと、右翼の男性たちから承認を得られる気分のよさもある。自身がかつてシングルマザーで、運動の中の男性からセクハラを受けたこともある右翼のアイドル、ジャンヌおつること中曽千鶴子さんは、こう言う。「私は、女性は決して弱者じゃないと思うんですよ。……『私はかわいそうだ』って思った時点で、すべてに負ける気がするんです」。

そういう彼女は、フェミニズムは「被害者意識を強調している気がするので」キライなのだとか。「もし戦時に生まれていたら、自分は慰安婦に志願する」ともツイッターでつぶやく。懸命につっぱって生きてきた自分の過去を肯定しようとする彼女には、弱者の非力さに対する怒りと憎悪、ウィークネス・フォビア（弱さ嫌悪）と呼ぶべき気持ちがあるようだ。

自分が弱ければ弱いほど、同じように弱い存在を見たくない気分。ましてやその弱者が自己主張するのを許せない気分。自分だってガマンしてきたのに、と。この気分、わかる……と言いそうになるが、弱者が自分を弱者であると認めるのは、強さへの一歩なのだが。

決して理解をあきらめようとしないふたりの共著者の姿勢が、これらの発言を引き出した。もしかしたら共闘できたかもしれない姉妹として。怒りが向けられるべきはもっと大きな敵なのだから。

社会運動、後継世代へのバトン

『そろそろ「社会運動」の話をしよう』という、そのものずばりのタイトルの本が出た。法政大学社会学部の先生方が複数で担当した「社会を変えるための実践論」講座を、当時社会学部長だった（今は総長）田中優子さんが編著にしたものだ。副題の「他人ゴトから自分ゴトへ。社会を変えるための実践論」もわかりやすい。

調査能力、メディアリテラシー、論理的な言語能力、熟議のための討論能力など「大学でこそ身につけてほしいこと」なのに、「ふつうそういうことは大学では教えない」と田中さんはいう。3・11のあと官邸前デモと経済産業省前座り込みは長く続いた。そろそろ社会運動とは何か、を語りあってもよいころだ。この講座を受講した学生諸君の反応を聞いてみたい。

社会学者の小熊英二さんに**『社会を変えるには』**という直球勝負のタイトルの本がある。この本を読むと戦後日本の社会運動がどんな歴史をたどってきたかがわかる。そして帯にあるとおり、社会運動とは「どういうことなのか。どうすればよいのか」がわかるようになっている。

2014年にそろって出た2冊の本、中西正司『**自立生活運動史**』と田中尚輝『**社会を変えるリーダーになる**』は、社会運動の現場の担い手だったカリスマ的なふたりのリーダーの回想録である。

中西さんは障害者自立生活運動のリーダー。わたしと共著の『**当事者主権**』もある。いまほとんどのJRの駅にエレベーターがあるのは彼らのおかげだし、障害者総合支援法ができたのも彼らの運動のおかげだ。この本がすばらしいのは成功体験が書かれていること。政府との交渉の楽屋裏や、「してやったり」の経緯が描かれている。この本を読んで歯がみする厚生労働省の役人もいるかもしれない。運動は成功体験が積み重ならないとじり貧になる。なかなか到達できない大きな目標を掲げるより、小さな勝ちぐせをつける。そのノウハウを惜しみなく公開してくれる。

田中さんは日本のNPO活動を牽引《けんいん》してきたパイオニア。本書を「遺書」のつもりで書いた、という。ふたりに共通するのは、社会運動の現場が、リーダーの世代交代の時期を迎えているという認識である。だから後継の世代にノウハウと経験を伝えたい、という切迫感にあふれている。

同じ動機から書かれたのが仙台在住のＮＰＯ活動家、加藤哲夫『**市民のネットワーキング　市民の仕事術Ⅰ**』『**市民のマネジメント　市民の仕事術２**』の２冊。仙台が日本のＮＰＯ支援先進地域になったのは、ひとえに彼というキーパーソンがいたおかげである。４年前にがんで亡くなった加藤さんの、これが遺著になった。死を予期した彼に頼まれて、わたしはこの本に解説を書いた。

政治はなかなか変わらない。選挙があっても民意は政治に反映しない。そう思っている人たちには、寺町みどり・寺町知正『**最新版　市民派議員になるための本**』をオススメしたい。２００２年に旧版「市民派議員になるための本」が出たあと、「わたしはこの本を読んで議員になりました」というお礼状が、著者のもとにぞくぞく届いた。それから４期目、２０１５年春の統一地方選を視野に「最新版」を書いてもらった。副題に「あなたが動けば社会が変わる」とある。

帯に次のように書いたのはわたしである。「地方から日本を変える！　本書はそのための最良の闘うツールである」

〝勝ち癖〟をつけた障害者運動史

わたしと共著『**当事者主権**』を書いた中西正司が、「そのなかで、語り尽くせなかった」思いの丈をぶつけた新刊が『自立生活運動史』である。

『当事者主権』から10年余、わたしも中西も共に10歳年齢を重ね、回顧録を書くにふさわしい年齢になったが、本書はただの回想記ではない。80年代から30年間にわたって障害者運動を牽引してきたリーダーが、自ら経験した運動史を、インサイダーの立場から記述した希有な実践の記録であり、第1級の歴史的証言だ。何より次世代に自分の経験とノウハウのすべてを伝えたい、という使命感と切迫感にあふれている。読者対象を「次の世代の運動のリーダーたち」としているのもうなずける。

副題に「社会変革の戦略と戦術」とあるように、本書は実際に社会を変えてきた実績のある著者による、どうすれば変えられるかの実用書だ。

障害者運動は、人口学的に絶対的少数派でありながら、成功した数少ない社会運動のひとつである。運動は勝たなければ意味がない。勝たない運動は続かない。そうやって障害者年金を獲得し、交通アクセス運動に勝利し、重度障害者の24時間介助を実現し、介護保険への統合を拒み、障害者基本法と差別禁止法とを成立させ、国連障害者権利条約のなかに第19条「自立生活条項」を組み入れることに成功した。今では地下鉄の駅にエレベータのないところは少ないし、障害者の自立生活を「わがまま」と呼ぶひとは誰もいない。「日本の介助サービスは、今、世界でトップにある」と書く中西の自負には、根拠がある。

厚労省の官僚との出しぬかれたり出しぬいたりの攻防、政権交代がもたらした転機など、手に汗にぎる交渉の記録もおもしろい。「要求なきところに福祉サービスなし」「運動なきところに変革なし」「運動は戦略的でなければならない」「組織は悪だと思っておいたほうがよい」「政治は裏切っても運動は裏切らない」「まず人を支援する人を支援する」……現場の知恵袋のようなキーワードが、本書にはあふれている。

第Ⅲ部に収録された次世代リーダーのひとり、岡田健司との対談が刺激的である。ふつうこういう書物に収録された対談は、冗長なおまけのようなものだが、この対談はリーダーの世代交代にあたって、持てる経験とノウハウのすべてを伝授したいという師弟対談の趣きがある。自立生活運動は人材育成に成功し、リーダーの世代交代にも成功していると見える。わたしが関与する女性運動の分野ではどうか。うらやんでばかりはいられない。

第2章 戦争を記憶する

歴史家だけが審判者ではない

敗戦から70年。当時20歳前後だった人たちが90歳になろうという年齢だ。歴史の生き証人たちが死に絶えるのを目前に、記憶の風化を憂うひとたちが増えた。戦後生まれが政権の中枢を占め、国防軍をつくろうなどという「戦争ごっこ」の歯止めをかける、戦中派政治家も退陣した。

戦争の歴史学と戦争の社会学はどこが違うのか？

野上元・福間良明編『**戦争社会学ブックガイド**』の刊行にひきつづいて、福間良明・野上元他編『**戦争社会学の構想　制度・体験・メディア**』という大部の労作が出た。歴史学者は社会学に懐疑的だが、過去は選択的な記憶と忘却の集合だ。歴史家も過去の事実にだけ向き合っていればすむわけではない。事実がいかに解釈され、記憶され、伝達されるかを抜きに、歴史は語れない。

わたしは『**ナショナリズムとジェンダー**』のなかで、歴史は構築されると主張して、歴史業界に一石を投じたせいで歴史家から猛バッシングを受けたが、その後反省したと一ノ瀬俊也さん（埼玉大准教授）は言う。わたしは反省などしていない。歴史家だけが特権的な歴史の審判者ではない。

戦中派の孫世代というべき若い社会学者、古市憲寿さんの『**誰も戦争を教えてくれなかった**』は、世界各地の戦争博物館47カ所を訪ね歩いたルポルタージュの姿を借りて、戦争の記憶と継承について論じたもの。博物館は記憶の伝達装置、国民的教育メディアと言ってもよい。戦勝国、戦敗国のさまざまな戦争博物館をくらべて、彼は日本の博物館の送るメッセージ性が希薄であることを発見する。そしてその理由を「国家が戦争のことを語る語り方が定まっていないからだろう」と鋭く指摘する。

「『戦争、ダメ、絶対』と繰り返しながら、僕たちはまだ、戦争の加害者にも被害者にもなれずにいる」というのが、彼の結論だ。これが「誰も戦争を教えてくれなかった」彼らの世代の正直な実感だろう。

そう、戦争は語られていないし、教えられていない。とりわけ兵士の戦場での経験は。回想録はあるが、ほとんど塹壕《ざんごう》の孤独や、行軍の困難や望郷の思い。戦場の実戦経験はおどろくほど語られていない。

鹿野政直さんの『**兵士であること　動員と従軍の精神史**』に黒羽清隆という歴史家の研

究が紹介されている。「一番多かった死に方は頭部貫通銃創です。2番目が胸部貫通銃創で……3番目に多いのが腹部貫通銃創で、これは一番いやな傷で苦しいのです。腹中に血液だとか、膀胱《ぼうこう》を撃たれると尿があふれでるというカタチの死に方を彼は研究したのです」

PR誌『ちくま』で、保阪正康さんの連載「戦場体験者の記憶と記録」が始まった。それによると、復員した兵士たちに「おまえたちが体験したことは銃後の国民に語ってはならない」という「暗黙の強要」が戦友会を通じて行われていた、という。

イギリス史の研究者、林田敏子さんの『**戦う女、戦えない女**』は、のっけから「戦争中ほど『性差』というものが絶対視される時代はない」ときた。第一次世界大戦期のイギリスにもジェンダーを「越境」しようと、銃をとって戦うことを志願する女たちがいた。NHK大河ドラマ「八重の桜」の八重も、銃をとった女性兵士。湾岸戦争で米軍女性兵士の活躍する時代。銃後の女、前線の男という二分法はしだいに成り立たなくなっている。

「男女共同参画」の社会では、もはや戦争は「男の子のゲーム」とばかり言っていられない。

語り継ぐ「戦場の記憶」

夏になると戦争ものがいくつも出版される。戦後生まれの日本人が、国民の５人に４人を占める時代。子どもだったひとたちを除けば、戦場の記憶を持つ世代はまして少ない。敗戦当時に20歳だったひとたちは、戦後70年で90歳。学徒兵や予科練で当時18歳、16歳だったひとたちを含めても80代後半になっている。

戦争は終わっても、兵士の戦争は終わらない。戦場の記憶を抱えたまま、その後の人生を生きなければならないからだ。戦友たちに死におくれた罪の意識だけでなく、戦争神経症といわれる精神の病をひきおこすトラウマ的な記憶に、生涯にわたって悩まされる。殺し、殺されるのがしごとの兵士にとっては、恐怖や被害の記憶ばかりでなく、打ち消そうとしても消せない加害の記憶も伴う。そして加害の記憶は、被害の記憶以上に、語りにくい。

保阪正康さんの『**戦場体験者**』は、40年以上にわたってのべ４０００人の元兵士から聞き取りをしてきた著者の集大成だ。保阪さんは戦場体験の多くは語られることがなかった、わけても一般兵士の経験は語ることが封じられた、という。だから副題が「沈黙の記録」なのである。

平時の社会で戦場体験を語っても、理解されないばかりか、疎まれる。経験した者でなければわからない体験を口にすることのできる数少ない場が、各地の戦友会だった。だが、戦友会は、同時に記憶の統制の役割を果たしたと、保阪さんは指摘する。

長いあいだ抑圧してきた記憶に、死期が近いと予期してから封印を解いた例もある。海軍一等通信兵だった１９２７年生まれの秋草鶴次さんは、80歳を目前にして『**十七歳の硫黄島**』を書いた。補給を断たれ、南海の孤島で絶望的な闘いを強いられた日本兵の証言が得られたのは、戦後60年も経《た》ってからのことだった。水も食糧もなく、武器弾薬も医療品もなく、地下壕《ごう》は硫黄の臭いと地熱に満ち、死の恐怖に耐えながら、投降すら禁じられた。「玉砕」とは、こんな野垂れ死にの別名だった。

吉田裕さんは戦後生まれの近現代史家。彼が『**兵士たちの戦後史**』を書いた頃には、戦友会はあいつぐ解散や休止の時期を迎えていたという。戦友会は軍人恩給を求める利権団体となり、保守政党の集票マシーンともなった。ために「元兵士たちの証言を抑制する機能を持った」と吉田さんも指摘する。「深い諦念やそれにもとづく沈黙」もあった。が、聞き手の側の拒絶反応もあった。「なぜあれほどまでに無慈悲に、父親の世代の戦争体験に無関心、無関係を決めこんでいられたのだろうか」という「贖罪《しょくざい》の意識」から本書は書かれた。

１９３９年生まれの保阪さん、１９５４年生まれの吉田さんに次いで、１９６２年生まれの小熊英二さんは『**生きて帰ってきた男　ある日本兵の戦争と戦後**』で、シベリア抑留帰りの父親から長い聞き取りをした。父と息子のあいだに深い信頼関係がなければ、生まれなかった作品である。話し手は聞き手のいるところで初めて重い口を開く、という証左でもあろう。本書は２０１５年度の第14回小林秀雄賞を受賞した。

保阪さんは「記憶を父とし、記録を母として、教訓（あるいは知恵）という子を生み、そして育てて次代に託する」という。にもかかわらずこのところわたしたちが目撃するのは、この知恵を拒否する政治家たちである。わたしたちはもう、生存者からじかに証言を聞くことのできる最後の段階にいる。次に待っているのは、証言を直接聞いた者たちが伝聞形で語る時代だ。聞いた者たちには責任が生まれる。たとえそれが、また聞きや立ち聞きであっても。

人間の安全保障を

戦後生まれで戦争を知らない、戦争ごっこの好きな宰相を戴《いただ》いてしまったおかげで、安倍政権の成立以来、日本では国家安全保障会議（日本版ＮＳＣ）とか、特定秘密保護法とか国防に関わる動きがつぎつぎに起きた。こんなご時世に、防衛省の予算だけは大盤振舞いのようだ。原発の廃炉対策も汚染水対策もちっとも「アンダー・コントロール」とはいえないのに、おカネの使い道の優先順位がちがうだろー、と言いたい思い。

同じように火遊びの好きな隣人たちがいるらしい。沖縄県・尖閣諸島海域での、あわやという米中艦船のニアミスや、いつでもやるぞの北朝鮮のミサイル発射。現場でのほんの少しのフライングや行き違いで、一触即発の事態が起きたらどうするのだろう？　中国も北朝鮮も、軍部が政府の完全な「アンダー・コントロール」にあるとは思えない。こういうあぶない隣人たちが、安倍政権のチアリーダーに見えてしまうのは、わたしの思い過ごしだろうか？

東アジアで戦火を交えてよいことは何ひとつない。イラクが滅びたあと、「最後のならずもの国家」、北朝鮮に手をやいている周辺諸国にとっても、武力衝突は最後まで避けたい手段のはずだ。

安全保障の基本は、人間の安全保障。そのための砦《とりで》は、なんといっても国境を超えた相互理解だ。２０１３年度梓《あずさ》会出版文化賞の受賞社に、子どもの本の出版社、童心社が選ばれた。戦争を防ぐためのアジアの人々の相互理解をめざして、子どもたちへ向けた平和絵本を、日韓中の出版社が3カ国語で同時出版するという企画が高く評価されたためである。

梓会出版文化賞とは出版社の出版活動を顕彰する日本で唯一の賞。出版社が加盟して、すでに29年にわたって続いている。その審査委員を務めているおかげで、ふだん接することの少ない分野の書籍にお目にかかる。童心社の3カ国語のシリーズにはそこでお目にかかった。そのひとつがアーサー・ビナードさんの『**さがしています**』。ヒロシマ被爆者の遺品の写真に、その持ち主を「探しています」という達意の日本語の文章がつく。死者たちは、その前にはたしかに生きていたんだと伝わってくる。この本は、講談社出版文化賞絵本賞、産経児童出版文化賞、ニッポン放送賞などを受けた。

田畑精一さんの『**さくら**』は、小学1年生用教科書の「サイタ、サイタ、サクラガサイタ」が、やがて戦争のシンボルになっていく過程を描く。

和歌山静子さんの『**くつがいく**』は、徴兵を受けた兵士たちの軍靴の足音。なにやらきなくさい今日このごろを予見していたような出版事業だ。何より、絵もことばも魅力的だ。童心社とともに、金の星社の『**漫画家たちの戦争**』（全5巻）も受賞を争った。児童書と漫画は出版文化の一画を確実に占めている。

もうひとつ、岡田充さんの『**尖閣諸島問題　領土ナショナリズムの魔力**』を。ちっぽけな島をめぐって互いに対立を「加油（中国語で『頑張れ』の意味）」しあう領土紛争の罠《わな》がよくわかる。

もとはといえば、尖閣列島問題をめぐる日中対立に火をつけたのは、元東京都知事の石原慎太郎さん。私有地だった島を、都が買い取ると言い始めたせいで始まった。あの時の寄付で集まった14億円は、宙に浮いたまま。そのあとどうなったのかしら。だれかさんの政治資金とかになっていなければよいけれど。

帰還兵を苦しめる戦場の記憶

安倍政権の安全保障関連法こと戦争法が２０１５年９月19日に成立した。それから毎月19日に、命日みたいに抗議デモが行われている。参加者は「あきらめない」と叫んでいる。戦争法の施行は２０１６年３月29日から。政権としては一刻も早く自衛隊を戦地に派遣して、既成事実をつくりたいのだろう。わたしたちは戦後初めて「兵士の死」を経験するのだろうか？　あまりのおぞましさに、想像するのも苦しい。

兵士は生きて帰ってきても、平和な日常に戻れない。ご無事でお帰りなさい、終わり、というわけにいかないのが、いったん兵士になった者の「戦後」だ。なぜなら彼らは戦場という常軌を逸した非日常の記憶と共に、生きていかなければならないからだ。

その消え去ろうとしない記憶に苦しめられる元兵士を、「戦争神経症」の名で呼ぶ。せっかく九死に一生を得て戻ってきたのに、平和の中で、自ら命を絶つ者たちがいる。

ディヴィッド・フィンケルの『**帰還兵はなぜ自殺するのか**』によれば、アフガニスタンとイラクに派遣された兵士は約２００万人、うち50万人がＰＴＳＤ（心的外傷後ストレス障害）に苦しみ、毎年２４０人以上の帰還兵が自殺している。

ある日、戦地へ行った夫が帰ってくる。夫は抑鬱《よくうつ》と暴力とで、人が変わったようになっている。妻には、愛する夫の変貌がどうしても理解できない。夫は精神科に通い、苦しみ抜いて、その苦しみから解放されるために死を選ぶ。米陸軍には自殺防止会議がある。自殺対策は軍の重要課題なのだ。

海の向こうの話ばかりではない。日本でもイラク派遣の自衛官のうちすでに29人が自殺している。国民の平均自殺率を超える異常な数字だ。戦死者は出さなかったのに、自殺者を出したのだ。

思えばＰＴＳＤという概念が広まる契機の一つになったのは、ベトナム帰還兵士を扱ったアラン・ヤングの**『ＰＴＳＤの医療人類学』**だった。日本軍は「戦争神経症」という概念を知っていたが、それをひた隠しにした。皇軍兵士に、そんな惰弱な精神は許されなかったからだ。

「神経衰弱」から「鬱病」までの日本近代の精神疾患言説のうち、それと知られていたのに大衆化することを阻まれた唯一の例外が「戦争神経症」であることを論証したのが、佐藤雅浩の労作、**『精神疾患言説の歴史社会学』**である。

15年のノーベル文学賞受賞者、スヴェトラーナ・アレクシエーヴィチの『**戦争は女の顔をしていない**』は、独ソ戦に参加した赤軍女性兵士の記憶を辿《たど》ったものだ。ソ連軍やパルチザンに100万人以上の女性兵士がいたことは忘れられた。なぜなら、語ってはならなかったからだ。生きて帰ってきた男性兵士は英雄だが、女性兵士は「あばずれ」「男まさり」で、結婚相手には不向きだった。彼女たちは勲章を隠し、戦傷病の支援も受けず、ひたすら過去を隠して生きてきた。

戦後30年以上経《た》ってインタビューに訪れたアレクシエーヴィチに、元女性兵士たちは堰《せき》を切ったように封印した記憶を語り出す。そこにあるのに聞かなければ届かない、その声をあらしめたアレクシエーヴィチは、ロシア語圏の石牟礼《いしむれ》道子ともいうべき存在である。

彼女のもうひとつの著作『**チェルノブイリの祈り**』に「解説」を書いた広河隆一はこう言う。「私たちはいつか、フクシマで……アレクシエーヴィチを生み出すだろうか?」。

火傷を負う「慰安婦」問題

日本と韓国のあいだに刺さった脱《ぬ》けない棘《とげ》……それが「慰安婦」問題である。
１９９１年の金学順《キムハクスン》さんの証言から20年余。事態は当時より悪くなった。そこに再び火に油を注いだのが、２０１３年の朝日新聞「慰安婦」報道検証と謝罪である。日本人が「ふつごうな真実」を忘れたいと思っているところに、たとえ報道検証という形であれ、この問題が国民世論の争点に再浮上することそのものは歓迎したい。なぜなら問題はこじれているのに、解決の要請は待ったなしだからである。

この問題について避けて通れない書物の日本語版が、ついに出た。朴裕河《パクユハ》さんの**『帝国の慰安婦』**である。韓国では元「慰安婦」の名誉を傷つけたとして出版差し止め訴訟が起きた論争的な書物である。前著**『和解のために　教科書・慰安婦・靖国・独島』**にわたしは「あえて火中の栗《くり》を拾う」と題した解説を書いたが、本書もそのとおりの本、それより自ら「火中に入る」ごとき本である。書き手も読み手も火傷《やけど》を負わずにはいられない。

朴さんは、このなかで、日本人にとっても韓国人にとってももっとも触れられたくない過去、忘れたい事実について書く。それは戦前、朝鮮半島のひとびとが「日本人であった」こと、もっと正確に言えば、むりやり「日本人にさせられたこと」である。「祖国」だった日本が「敵国」に変わった韓国の公式記憶を逆なでし、植民者であった日本の後ろめたさを甦《よみがえ》らせる。「慰安婦」とそれを動員したひとびとは「対日協力者」だった。それも「強制的」な。

占領期の日本もまた、征服者たちに対して同じことをした。「自分の女」を米軍兵士に差し出したのだ。平井和子『**日本占領とジェンダー**』と茶園敏美『**パンパンとは誰なのか**』という2冊の注目すべき歴史研究は、日本人が忘れたい過去をていねいに掘り起こす。ナショナリズムのもとでは相手が「敵国」に変わらない限り、日本人「慰安婦」も、「占領軍慰安婦」も「パンパン」も、性暴力被害者として名のりをあげることができない。

20年の間に付け加わった要因は、アジア女性基金と支援団体の果たした役割への歴史的評価である。韓国側の不信感と日本側の政策の失敗は、双方に深い傷を残した。若い研究者、熊谷奈緒子による『**慰安婦問題**』は、目配りのよい好著である。91年には学生だった世代から見れば、この20年の歴史はこう見えるのか、という感慨がある。アジア女性基金の当事者もまた、『**慰安婦問題とアジア女性基金**』で自ら情報発信している。

それにしても、「慰安婦」がいかに報道されたか以上に大切なのは、「慰安婦」とはいったい何だったのかという歴史的事実のほうだ。それを知りたければ日本軍「慰安婦」問題webサイト制作委員会編の『**Q&A「慰安婦」・強制・性奴隷　あなたの疑問に答えます**』が役に立つが、本書に述べられた事実と、SAPIO編集部編の『**日本人が知っておくべき「慰安婦」の真実**』とのあいだにある、とうていあいいれない歴史認識のギャップを目の前にすると、20年前には抑制された夜郎自大なプロパガンダ本が、大手の出版社から刊行される時代の保守化に気が滅入《めい》る。

朝日新聞社は社内改革の方針を掲げたが、そのなかの「多様な言論を尊重します」という項目が、たんに「保守派の言論にも紙面を割きます」という、中立を装った「両論併記」にならなければよいが……と憂慮が先に立つ。どの新聞媒体にとっても、他人事《ひとごと》ではないだろう。

慰安婦問題解決握る「安倍談話」

戦後70年の節目に発表されるはずの「首相談話」が、閣議決定を経ないものとなる予測が立ってから、ひとまずこの問題への関心は沈静したかのように見える。だが、将来、「河野談話」（1993年）、「村山談話」（1995年）と並んで、「安倍談話」と呼ばれるようになるだろうこの談話の内容次第では、東アジアをめぐる国際情勢がさらに悪化することが予想される。村山談話は閣議決定を経ているが、河野談話はそうでない。閣議決定を経なくても、歴史的談話として、日本政府の立場に一定の拘束力や影響力があることはたしかであろう。

安倍晋三首相を後継政権に指名した小泉純一郎は、在任中の5年間に6回靖国神社を参拝し、そのたびに日中関係が冷えこんだ。ために東アジアの国際情勢の改善を5年間遅らせたと言われた。このような状態では、「東アジア共同体」はもとより、経済協定においても、日本がリーダーシップをとることは夢のまた夢であろう。

2015年度の読売・吉野作造賞を受賞した木村幹**『日韓歴史認識問題とは何か』**は、

80年代にさかのぼって日韓関係の歴史をたどりながら、今日の日韓関係がこれまでにない「深刻なデッドロック状態」に陥ったとする。そこに至る日本と韓国、双方の外交上のアクターが、関係改善の試行錯誤の過程で、せっかくの努力の成果をぶちこわしにするような「妄言」や失政の積み重ねから、関係をこじらせにこじらせていく詳細な記述は、読んでいて陰々滅々とする。外交はアートだ、そして失敗した外交は人災だ、という感をつよくする。

戦後70年を、保守党でももっとも右派とされる安倍首相のもとで迎えなければならない歴史的条件のもとで、「安倍談話」の中でもとりわけ「慰安婦」問題をどう扱うかが、注目の的になった。日本政府さえその気なら「慰安婦問題は解決できる」という貴重な提案が、当事者および支援団体からすでに提案されているからだ。２０１４年6月の「日本軍『慰安婦』問題アジア連帯会議」の決議「日本政府への提言」がそれである。

それを受けて、アジア女性基金の中心人物のひとりだった和田春樹さんによる**『慰安婦問題の解決のために』**は、一歩踏みこんだ提案をしている。これまでにない新しい展開は、「法的責任か道義的責任か」の二項対立を回避したことだ。解決は「公的謝罪」と「謝罪の証としての賠償」に尽きる。あとはそれにどう応えるかは日本政府が考えることだと。

名分より実質を尊重しようという態度に交渉の相手が出たときに、それに応じないのは卑劣で無責任のそしりをまぬがれないだろう。

「民間基金」の見かけをとったばかりに、多額の国費を投入しながら挫折したアジア女性基金の失敗は、日本が「基金」という外交カードと時間とを浪費してしまったことを意味する。同じカードはふたたび使えないばかりか、関係者の双方にトラウマを残してしまった。和田さんの発言、「アジア女性基金はそのコンセプトからしてまちがっていた」という反省は重い。

同じような焦迫の思いから松竹伸幸『**慰安婦問題をこれで終わらせる。**』は書かれている。松竹さんは「歴史的責任」という概念を使う。右派にも学ぼうという松竹さんの姿勢は柔軟だ。だが、「終わらせる」ことができるのは、唯一被害者の側の同意だけだ。加害者の側が声高に言うことではない。

「買春は必要＝常識」の非常識

橋下徹元大阪市長・日本維新の会共同代表の「風俗」発言が波紋を呼んだ。

２０１３年5月、沖縄の米軍普天間飛行場を訪ねたとき、現地の司令官に「風俗業を活用してほしい」と発言し、相手は固まったという。

米軍側から「我々は兵士にそういうことは禁じている」とまったく相手にされない状況に直面して、日米の文化の違いにその理由を帰した。それなら「兵士に買春が必要だ」ということを、「日本の常識」として世界に示したことになる。その後、発言を撤回したが、公党の代表として恥さらしというほかない。記者団に「ホンネで話そう」と言ってオヤジの下半身をタテにとったようだが、自民党のオジサマ方からさえ、顔をしかめられた。

橋下発言の背景が、よくわかる本を読んだ。井上理津子**『さいごの色街　飛田《とびた》』**。大阪の遊郭、飛田に体当たり取材して書いた女性ルポライターの労作だ。１９５８年の売春防止法施行後も、「風俗営業」の名のもとに、公然たる管理売春が行われている、そこだけ時間がとまったような一画だ。井上さんは、どんな男が客なのか、経営者は、暴力団の関与は、曳《ひ》き子と呼ばれるオバサンたちは、そして女の子は、果てはわかっているのに取り締まりをしない警察は……どうなっているの？　と好奇心に充《み》ち満ちて前のめりに取材していく。ときには危ないめや不愉快な思いに耐えながら。

そのなかに、飛田新地料理組合の事務所で「組合長と茶髪の弁護士が二人でにっこり笑顔で写っている写真」を発見する場面がある。組合の顧問弁護士をしていた時代の橋下だという。組合の幹部によれば「男に、必ずはけ口が要るのは今も昔も同じ」。なるほど。これが橋下発言の背後にある「常識」なのか。売防法以前の「常識」、今日では非常識である。

井上さんによれば「好きでこの仕事をやっている」は、ありえない。「男に騙《だま》され、捨てられ、お金のために飛田に来た」。中卒率、高校中退率もあまりにも高い。同じことを荻上チキの『**彼女たちの売春（ワリキリ）**』も指摘する。援助交際の少女たちは、いわば自己決定によるフリーランスのセックスワーカーだが、彼女たちが「自由」かといえば、湯浅誠のいう「五重の排除」――教育からの排除、企業からの排除、家族からの排除、福祉からの排除、自分自身からの排除――の結果、売春にたどりついている。

出身家庭の過酷さ、学歴の低さ、社会経験の少なさから、彼女たちは相談窓口の存在さえ知らず、相談することすら思いつかない。シングルマザー率の高さは驚くほどだ。

昔も今も、女は必要があって稼ぐ、そして稼ぎのいい仕事は風俗しかない。カネと引き換えとワリキらない限り、誰がこんな仕事をすすんでするだろうか。荻上さんは、一昔まえの「自己決定型売春」は過去のものとなり、新しい貧困が売春の供給源になっているという。

もうひとつ今井ＣＯＣＯ『**アダチャ稼業**』も衝撃の書。インターネットを使ってチャットをしながら女性の室内を映像で見せ、客の要求にしたがって脱いだり自慰をしてみせたりする。メディアの革新に伴って、次々に新手の性風俗が生まれる。男との接触がないぶん安全な仕事かもしれない。

だが、アダチャ嬢のなかには、風俗で客からＨＩＶを感染させられて、本番がアウトになった女性たちもいると聞いて、震撼《しんかん》した。この女性たちに、政治も社会も手を差しのべることはないのだろうか。

女同士の信頼と友情の記録

エイズについて書かれた本は多いが、意外と体験記は少ない。エイズ患者の闘病記は見かけないし、その周辺の人たちが書いたものもあまりない。薬害エイズについては堂々と被害者として告発できるかもしれないが、性行為から感染した人たちにはまだスティグマがあるのだろうか。

それにエイズはゲイの病、と思われているからか、女性が異性愛行為から感染したケースについて書かれた本は、もっと少ない。多くは専門家や支援者たちからの予防や啓発のための書物である。

この日本にも、エイズで亡くなった女性はいる。風俗関係のしごとをしている女性たちは、リスクと背中合わせのはずだ。その人たちは、たぶん、沈黙を守っている。

『親友は、エイズで死んだ　沙耶とわたしの2000日』の著者、今井ｃｏｃｏさんには、前著**『アダチャ稼業』**がある。「アダチャ」って、「アダルト・チャット」のこと。インターネットの普及にともなって、新種の風俗ビジネスが登場した。パソコンにそなえつけたカメラで、ひとり暮らしの女性の室内を写す。チャットで会話しながら、男性客の要求に応えて、衣服を脱いだり、あられもないポーズをとったりする。そのつど、対価が発生し、料金があがっていく。そんなビジネス、よくも考えついたものだと思うが、カネを出す男がいるかぎり、なくならない。女性にしてみれば、ネット上のことだから、相手に触られたりいやなことをされるリスクはない。

そんな「アダチャ稼業」の女性たちのうちに、本番の風俗業でエイズにかかってしごとができなくなったひとが、混じり込んでいる、とあった。きっとそうだろうなあ、その女性たちはどうしているんだろうか、と興味を持った。

今井さんの第2作がこれ。彼女には「書きたい、書かなければ」というつよい思いがあった。キャバクラ嬢の時代にライバルだった女性と親友になり、その死をみとった記録だ。エイズは潜伏期間が長く、感染経路はわからないことが多い。ＨＩＶ陽性だったことがわかったときの親友の衝撃、混乱、悲嘆を受け止めた。

当時交際していた男性にうちあけて、ＨＩＶ検査を受けるように依頼し、その結果が陰性とわかったとき、男は立ち去った。だが、彼女は去らなかった。家族にも言えず、苦しむ親友を最後まで支えた。

実は著者に本書を書くように勧めたのは、わたしだ。頼まれて帯の文を書いた。「ＡＩＤＳで亡くなった友とのたいせつな約束。『わたしのことを、いつかきっと書いてね』。約束を果たした著者に、彼女が残したのは『生きる理由』……。女と女の信頼と友情のドキュメント」

本書はエイズで死んだ親友の記録であるだけでなく、その友を支えぬくことで「生きる理由」を手に入れた著者の再生の記録でもある。そしてその再生を可能にしたのは、女同士の友情だった。帯にはこうも書いた。

「男との恋愛ばかりが女を変えるわけではない。女との友情も女を変える」

世の中は『アナ雪（アナと雪の女王）』の時代。凍りついた姉を溶かしたのは妹の愛情だった。ジブリ作品の『思い出のマーニー』も、ふたりの少女の友情の物語。そういえば、連続ＴＶ小説の『花子とアン』も、女同士の「腹心の友」の物語だった。

友情は男の独占物ではない。「女に友情は成り立つか?」と問われた野蛮な時代があったとは、信じられない。

力の非対称が生む性暴力

戦争と性暴力の関係を考えるための労作が、2冊つづけて翻訳された。メアリー・ルイーズ・ロバーツ著『**兵士とセックス**』と、レギーナ・ミュールホイザー著『**戦場の性**』だ。前者はアメリカ人のフランス史研究者による「ノルマンディー上陸後の米兵が同盟国フランスで何をしたか」、後者はドイツ人の女性史研究者による「ドイツ国防軍兵士がポーランドからソ連に至る東部戦線で女性に対して何をしたか」を歴史史料や証言にもとづいて詳細に積み上げたものである。頼まれて『**兵士とセックス**』に書いた推薦文がこれだ。

「占領地で兵士は必ずセックスした。恋愛、売買春、強姦《ごうかん》……。それは偶然の随伴物ではなく、不可避の支配―被支配構造の一部だった。フランスの体験は、日本軍『慰安婦』と、そして占領軍『慰安婦』と、どこが同じでどこが違っていたのか？　戦争と性暴力の比較史にとって欠かすことのできない里程標となる労作。」

興味深いのは、両書とも、アジア発の「慰安婦」問題が研究の引き金になったということだ。戦争と性暴力の主題化は、アジアが世界に一歩先んじていた。しかもロバーツの著書は、「慰安婦制度」を正当化したことでバッシングを受けた橋下徹大阪市長（当時）が、サンフランシスコ市議会へ宛てた釈明文のなかで日本に初めて紹介されたという、いわくつきのしろものである。

橋下政権下の大阪市役所にも、海外の研究動向に通じた勉強家がいたらしい。そこまで海外情勢に通じているなら、国際的に通用しない橋下氏の「暴言」を抑えることはできなかったのだろうかとも思えるが。「ヨソでもやっている」ことは、日本の加害の免責にはすこしもならない。そのせいか、両書とも、監訳者の佐藤文香さんと姫岡とし子さんが、それぞれ長文の「解説」をつけて、日本軍慰安婦問題との異同について、注意深く論じている。

戦場や占領のような圧倒的な力の非対称がある構造のもとでは、性暴力はかならず起きる。だがそのなかには、恋愛、売買春、強姦までのグラデーションがあり、グレーゾーンがあって境界は引きがたい。そしてどんな非対称な権力構造のもとでも、その過酷な状況を生き延びようとする女性の行為主体性がある……ことを思えば、韓国で刑事告訴されて問題になっている朴裕河さんの『**帝国の慰安婦**』の語る多様な慰安婦像にも、根拠がありそうだ。占領下の日本でも、米兵による強姦から、売買春、そして戦争花嫁まで、多様な関係があったのだから。「戦争と女性への暴力」リサーチ・アクション・センター編『**日本人「慰安婦」**』もまた、愛国心から人身売買に至るまでの女性の経験の多様性を描き出している。

２０１６年３月12日には、勤務先の立命館大学で、佐藤さんと姫岡さんのおふたりを講演者に招いて、「戦争と性暴力の比較史」をテーマにシンポジウムを開催した。他に『**日本占領とジェンダー**』の著者、平井和子さん、『**パンパンとは誰なのか**』の著者、茶園敏美さん、占領期の京都を研究している西川祐子さんにご報告いただいた。コーディネーターはわたしが務めた。女性史の新しい一頁がまた開かれようとしている。

歴史における一貫性と非一貫性

福岡愛子さんの『**日本人の文革認識**』は、ただの研究書ではない。頼まれて本書の帯にこう書いた。「自分の信念が覆るような歴史の大転換を経験したとき、人はどう身を処すのか。『変わらない』ことにも『変わりうる』ことにも内面の意味を見出《みいだ》し、責任と反省の可能性に迫る。これまでの『転向』研究を超えた意欲作」

文化大革命。１９６６年から69年まで３年にわたって続き、中国全土を動乱の渦にまきこんだ。赤い「毛語録」を手にかざし「造反有理」を唱えた、紅衛兵と呼ばれるあの若者たちを覚えているだろうか。日本では全共闘世代とほぼ同世代。「造反有理（反抗するには道理がある）」というお隣の国の若者たちの叫びに、心をゆさぶられた日本の若者たちも多かった。

文革はその後、毛沢東の死をもって、77年には中国共産党全国大会において「勝利のうちに終結した」と宣言された。さらに81年になって、この認識を完全に覆す「歴史決議」が行われる。文革は中国共産党によって正式に徹底否定されるのみならず、その後しだいに明らかになってきたさまざまな証言によって凄惨な実態が暴露され、文革をめぐっては歴史認識が百八十度転換したのである。

日本と日本人にとって文革は「対岸の火事」だっただろうか？　福岡愛子さんには『**文化大革命の記憶と忘却**』という中国人の文革体験を回想した前著があるが、本書では日本人の文革認識とその転換を対象とした。対岸の日本でも、文革支持派と反対派とのあいだでは非妥協的な対立が起きていたのだ。

時は72年、田中角栄首相によって日中国交回復が成立。当時の中国の周恩来首相は、日本の軍国主義を憎むが日本人を憎まない、という方針を徹底し、膨大な戦時賠償請求を放棄した。この歴史を知れば、現政権の安倍晋三首相がA級戦犯を合祀した靖国神社に参拝することが、どれほど中国の神経を逆なですることか、わかるだろう。

当時文革報道に熱狂し、それから「歴史決議」によってそれを完全に否定された日本人の支持者は、その後どんな人生を送ったのか？　本書は親中国派保守系政治家、宇都宮徳馬や、文革支持派の左翼知識人、新島淳良のような著名人から、日中友好協会や学生運動に関わった有名・無名の個人までを対象に、「語りたくても語れず、封印しようにもしきれない複雑な思い」を聞き出し、分析した労作である。彼らの親中国・反中国の背後に、中国侵略に対するねぶかい贖罪感《しょくざい》があることをもあぶりだした。

本書は「翻身」概念をキーに、従来の「転向」とは一線を画した。「翻身」とは「転向」の否定的なニュアンスを超えて、何かのできごとを契機に自分のアイデンティティを再組織化する、根源的な態度変更をさす社会学の概念である。周囲が変化したときに自己の一貫性を維持することにも、それに対応して自己の再編成をすることにも、共に痛みが伴う。主義主張の一貫性に必ずしも価値があるとも言えない。革命で政権が交代したり、敗戦で過去が全否定されたような社会では、多くのひとびとが同じような経験をしているはずである。「変わらない」ことの責任も「変わる」ことの責任も同時に問う点で、本書は歴史に対する「責任主体」のありかたに迫るものである。

福岡さんが「翻身」とは「他者に名指されての弁明ではなく、自らの選択によって主体的に行う永続的な自己改造の機会である」というとき、個人が歴史との相互交渉の過程で「変わりうる」ということに、希望が持てる。あらためてここに描かれているのは「他人事」ではない、と肺腑《はいふ》に沁みるすぐれた研究書である。

第3章

3・11以後

マスメディアは3・11をどう伝えたか

研究者とは記録と記憶に憑《つ》かれた人々だ。あの大災厄のその日に、茫然《ぼうぜん》自失している他の人々を尻目に、ただちにＴＶの報道番組の内容を検証し、バラエティー番組の変化を記録し、ＣＭの変容をチェックするひとびとがいた。メディア研究者である。その中からすぐれた研究書が生まれている。

ひとつは伊藤守さんの**『テレビは原発事故をどう伝えたのか』**である。映像アーカイブがアクセス可能になった２０１１年9月から、伊藤さんは各局計８００時間のＴＶ映像をひたすら見続けた。検証の結果は「大本営発表」と揶揄《やゆ》されたＮＨＫをはじめとする各局の「取材の『浅さ』」である。

原発事故にともなって報道機関が記者を30キロ圏から避難させる一方、屋内避難地域の住民に「ただちに人体に影響はない」という報道を続けた「自己矛盾」を、伊藤さんはするどく指摘する。

大震災はＴＶに対するラジオの存在意義を浮かび上がらせた。加えてインターネットメディアの力も示した。告白しよう、ネット弱者であったわたしがツイッターを始めたのは3・11以後のことである。

伊藤さんの本でもネットは扱われているが、遠藤薫さんの『**メディアは大震災・原発事故をどう語ったか**』は、副題に「報道・ネット・ドキュメンタリーを検証する」とあるように「間メディア性」を積極的に検証したものだ。遠藤さんは、速報性を失った新聞の価値についても言及する。40頁《ページ》にわたる3月11日から14日までの出来事、東電発表、政府会見、自治体の動き、報道、ネットの各項目にわたるタイムラインの記録を見ているだけで、その資料価値にくらくらする。

検証の結果、彼女が指摘するのは「報道の視点が個人の側に過度に偏っていること」。大災害の経験は「群盲象を撫《な》でる」ごときものになる。メディアの役割は個人からは見えない出来事の全体像を示すことではないか、と。加えて「原子力ムラ」よろしくメディアも国内「メディア・ムラ」に閉じていることを批判する。日本のメディアは世界に対する情報発信と説明責任があるのではないかと。アルジャジーラを見たうえに、ニコニコ生放送の番組も検証する遠藤さんの視野の広い批判と提言は、傾聴に値する。

同じ著者による近刊『**廃墟《はいきょ》で歌う天使**』も、ベンヤミンと初音ミクとを結びつけて論じた才気あふれる好著である。

メディアの自己検証もある。２０１３年、科学ジャーナリスト賞を受賞した朝日新聞社「原発とメディア」取材班による**『原発とメディア2』**は、過去の自社報道にさかのぼって科学ジャーナリズムを検証したものである。

小熊英二さんの**『原発を止める人々』**は、３・11以後、各地の多様な市民の動きをリアルタイムで「記録し、活動し、研究」したもの。巻末の「２０１１年以降の反原発デモ・リスト」を見ただけで、草の根の市民活動がどのくらいの拡《ひろ》がりと自発性をもっておこなわれたかがわかる、貴重な資料集となっている。小熊さんは、２０１３年現在、原発54基はすべて止まっている、市民が止めたのだ、と強調する。

こうした動きはマスメディアが報道しようとしなかったものだ。11年9月19日の脱原発集会に、東京・明治公園を埋め尽くした約6万人の群衆の航空写真を、自社機を飛ばして報道したのは、毎日新聞と東京新聞だけだった。このときからメディアの流れは変わった。マスメディアだけでは十分でない、とわたしたちは学習しつつある。

「避難」の記録が語るもの

原発安全神話が壊れてからというもの、原発災害からの「避難」が課題になっている。事故は起きるもの、と想定しなければならなくなれば、当然、その後の避難も考えざるをえない。

静岡県浜岡原発の近隣自治体の避難計画は、30万人の避難に30時間かかる、というもの。そのあいだに放射能汚染と被災は進む。実質、お手上げ、と言っているようなものだろう。

避難のなかでも避難弱者がいる。高齢者、障害者、患者たちだ。フリージャーナリスト、相川祐里奈さんの『**避難弱者**』の臨場感あふれるルポは、胸の詰まる思いなしには読めない。

坐位《ざい》を保てない高齢者、呼吸器を手放せない患者……動かせば死んでしまうかもしれない人たちを、いつ来るかあてにできない移動手段を待ちながら、必死で支えた施設の代表や職員たち。「おらがこんな状況だから、みんなおらのことおいて逃げんだんべ」という入居者の不安に、ぜったいにおいて逃げたりしない、と応える施設長。まるで原因もわからずに沈みかける船の船長のような決断を、一刻一刻強いられた現場の責任者たち。その群像が浮かび上がる。

避難した先でも、介護の必要な高齢者や病人を、手薄になった人員でささえつづけなければならない。みずからも被災者で、家族の安否の確認もとれず、引き裂かれそうになりながら。「職員たちのおかげです」とあとから責任者たちが言う感謝の声に、読者のわたしも唱和したくなる。

ノンフィクションライター、甘利てる代さんの『**証言**』は、みやぎ宅老連絡会の当事者たちが「被災した宅老所は、歴史を語り継ぐという使命があります」という思いから書き記したもの。原発避難と津波避難の違いはあるけれど、現場の声はライターの表現よりもつつましい。いずれも、長期にわたって現場とよりそってきたライターへの深い信頼がなければ、なしえなかった成果だろう。

家族のいないおひとりさまは災害弱者だと、あの震災でわたしは痛感したのだが、逆におひとりさまだからこそ機敏に動くことができたというリポートが、酒井順子さんの『**地震と独身**』。目のつけどころに虚を突かれた。「独身は働いた」「独身は助けた」「独身は守った」と、さまざまな独身が個として動くことで生まれる新しい「ほだし」に、酒井さんは希望をつなぐ。

もう一冊、山下祐介・開沼博編著『**「原発避難」論**』を。若手の大学院生を中心とする共著者たちの、「今、記録しておかなければ」という切迫感が伝わる。なぜなら「福島の復興は、日本社会が将来迎えうる、来るべき大きな試練に向けた、事前復興のようなものとして考える必要がある」から。

原発事故は人災であり、「戦争だけがこれに匹敵する。外敵との関係なしに、内政の失敗だけでこれだけのことを引き起こした責任は重い」のに、「責任の不在」を山下さんは指摘する。なぜなら政府や東電のみならず、メディアも国民もフクシマから「避難」しているからだ、と。あの戦争責任を誰も引き受けなかったように、原発事故でも誰も責任を問われていない。

戦後のモラルの頽廃《たいはい》を憂う政治家は、同じようにフクシマ以後のモラルハザードの原因をつくることになるだろう。黙示録的な書物である。

震災の経験を熊本に

日本は地震列島である。南海トラフの地震も予告されているが、首都直下地震が、今後30年のあいだに70％の確率で来ると予告されてからもすでに3年。残りは27年となった。そのあいだに東京五輪がある。オリンピックのときに地震が来たらどうなるのだろうか。東京都では全世帯に『東京防災』手帖が配られた。首都圏では、いまは震災後ではなく、震災前なのだ。

熊本に地震が来るとはまさか、と思っていた人たちが大半だろう。１９９５年の神戸でも、神戸市民はまさか、と思っていた。２０１１年の東北では地震と津波の規模の大きさに多くの人はびっくりしたが、千年以上前に遡れば貞観大地震があることがわかった。熊本は何が余震で何が本震か、これからまだ本震が来るのか、地震学者も予測できない事態に、市民がおびえている。収束はいつなのか、復興にとりかかってよいのか。まっ先に気になるのが川内原発だ。自然現象が想定外の動きを示しているのだから、原発だって想定外の事態に対処するのが当然だと思う。

こういうときには、経験者の言に耳を傾けるに限る。精神科医の中井久夫さんの『**復興の道なかばで　阪神淡路大震災一年の記録**』は、阪神淡路大震災から1年のあいだに書かれた記録と省察である。11年5月、3・11の後に刊行された。震災直後、1カ月後、半年後、1年後と書き継がれた記録は、熊本の人たちにもきっと参考になるだろう。中井さんたちが活躍してくださったおかげで、「心のケア」が日本に定着した。

「何かお困りのことはありますか?」と聞かれても、被災者は何が起きているか、何に困っているか、にわかには答えることもできないほど困惑しているひとびとだ。望みはただひとつ。元の暮らしに戻りたい。だが避難が長期化するにつれて、ボランティアは去り、支援者にも疲れが出てくる。中井さんは県外長期避難者を訪ねる。行政からも忘れられたひとびとだ。

度重なる震災とそれから得られた経験知から、わたしたちは学ぶことができる。たとえば避難所での女性や障害のある人への配慮。仮設住宅での孤立を防ぐための共有スペースの設置。コミュニティを維持したままの住み替え。ローコストの仮設よりしっかりした復興住宅を。広域避難者への元の自治体との連絡の維持等々。熊本ではそれらの経験は生かされているだろうか?

もう1冊『**つながる力　東日本大震災としょうがいのある人の暮らし　社会福祉法人つどいの家の記録**』を紹介したい。「つどいの家」は仙台地区で重症心身障害児や知的障害児などをケアする通所事業や居住施設を営む社会福祉法人。災害弱者と言われる障害者をどう支えたかの現場の記録だ。被災から施設再建・再開までの3年間の記録は、同じような事業体にとって、これから先の指針にもなるだろう。

中井さんも指摘しているが、本書でも「ケアする人をケアする」ことの重要性が唱えられている。支援の専門職も被災者。責任感からバーンアウトする職員に目が行き届かなかったことに、痛恨の思いが語られている。ほしいのは人的支援、それも専門職として経験のある人材に、給与の保証つきで派遣してもらえるしくみがほしい、と。理事長、下郡山和子さんが本書に書いた「これからの課題・体験を踏まえて考えたこと」は、他の被災地でも、きっと参考になる。

脱原発を実現したドイツの経験

政府が２０３０年のベースロード電源のうち、原発比率を20〜22％にすると発表した。それだけの量を維持するためには、原発を新設するか、いまある原発を40年の期限を超えて運転しつづけなければならない。経済産業省がまたまた「原発最安」のコスト試算を出したが、こんな試算結果を国民は誰も信じない。安全基準がきびしくなった分、事故の確率が半分に減ったという計算だが、老朽化した原発では事故の確率はかえって高まるだろう。

いまでは原発コストに事故の補償コストを組み入れるのは常識。それだけでなく立地自治体に提供した膨大な補助金は国民の税金から出ていることを忘れてほしくない。原発コスト計算はもはや政府にまかせておけない。それをわかりやすく説いたのが、大島堅一さんの**『原発のコスト』**だ。

２０１５年３月にドイツのメルケル首相が来日して、「ドイツは脱原発を果たした、日本は？」と問いかけた。３・11の直前まで原発を前提にしたエネルギー基本計画を立てていたドイツが、政策転換したきっかけは日本の福島原発事故だった。

そのドイツの反原発運動を論じたのが青木聡子さんの『**ドイツにおける原子力施設反対運動の展開**』である。反原発運動を研究してきた社会学者、長谷川公一さんのもとで学び、東北大学に提出した学位論文である。あとがきで、ドイツの原発政策転換の「最終的な引き金になったのが日本における原発事故であったことに、言葉では形容しがたいほどの悔しさと無念さを抑えきれない思いである」と著者は書く。

なぜ、ドイツで可能だった脱原発が日本では可能でないのだろうか？　そのヒントをくれるのがヨアヒム・ラートカウの『**ドイツ反原発運動小史**』である。ラートカウには、『**自然と権力　環境の世界史**』という大著もある。そういえば、リスク社会論で有名なウルリッヒ・ベックも、時局発言を集めた『**世界内政のニュース**』のなかで、「原子力は無謀なギャンブルだ」として「着陸の滑走路がない飛行機に乗り込む」ようなものだという。

「ドイツの反原発運動の持続性や成功は、抗議運動の内的構造からだけではなく、市民の抗議やメディア、政治、行政、司法、そして科学の相互作用からも説明される」。そしてドイツにあって日本にないのが、この多様なアクターの「相互作用」である、とラートカウは指摘する。

高浜原発再稼働差し止め訴訟に対する福井地裁判決では、日本の司法もこの「相互作用」のアクターとして重要な役割を果たした。これまで司法は、原子力ムラの共犯者ですらあったのだから、それに痛恨の思いを持つ司法関係者は少なくないだろう。

青木さんは脱原発を実現した「特殊ドイツ的要因」をあげる。それは1970年代にさかのぼる学生運動の世代による「親世代の糾弾」だという。「ナチスの台頭に対して何もしなかった」親世代に、戦後生まれの若者はこんなドイツに誰がした、と詰め寄った。日本の若者も学生運動のなかで親世代に詰め寄ったはずなのに、対決のしかたが足りなかったのか。今では「こんな日本に誰がした」と若い世代から詰め寄られても、言い訳できない立場にいる。

そういえばA級戦犯容疑者だったのに政権復帰を果たした岸信介の孫息子が、いま政権の座について「戦争のできる国」をつくろうとしている。待ったをかけられるのは今のうちだ。

原発は政治、事故は人災

２０１６年8月、伊方原発再稼働の報を聞きながら本稿を書いている。電力会社の予測では、盛夏のピーク時電源にも不足は見られず、電力消費を抑制するよう呼び掛ける必要がないにもかかわらず、住民避難の不安を残して、制御棒は引き抜かれた。フクシマ以後、絶対安全神話は崩壊したというのに。

大島堅一著『**原発のコスト**』は、２０１２年の大佛次郎論壇賞を、遠藤典子著『**原子力損害賠償制度の研究**』は14年の同賞を受賞した。遠藤さんの本は読まなければと思いながらその本の厚さに先延ばしにし、夏休みの宿題にしていた。もう1冊、金森絵里著『**原子力発電と会計制度**』も宿題にとっておいた本だ。

大島さんの新書はわかりやすく書かれている。経済産業省試算による各電源の発電コスト比較によると、原発は最も安い、とされてきたが、この試算には大きな問題が隠されている。発電事業に直接要するコストのみをカウントし、社会的コスト（税金によって支払われる政策コスト）が含まれていないからである。ここに国策推進による技術開発コストと巨額の交付金という立地対策コストを含め、さらに天文学的数字にのぼる原発事故損害賠償コストを加えると、原発はあらゆる電源のなかで最も高くつく電力となる。

原発の発電コストにいくらかかっても、電力会社が痛痒を感じないのは、かかった原価に一定の利益率を上乗せして電力料金を設定できる総括原価制度というマジックによる。電力会社は、民営化され地域ごとに分社化されているのに、実際には完全に地域独占企業だから、消費者には選択の自由はない。競争相手がおらず、広告訴求をしても市場が拡大するわけでもないのに、電力会社が不相応に高額の広告宣伝費を使うのは、メディアの買収のためとしか思えない。

原発コストの試算は、どれもモデルプラントにもとづく予測値であり、実績値ではない。そこに金森さんは会計学というアプローチから実績ベースで原発のコストに迫る。財務諸表を見ればば会社がわかる……はずなのに、工事償却準備引当金、使用済燃料再処理引当金、施設解体引当金等々、複雑怪奇でご都合主義的な制度の導入で、企業会計はいかようにも操作可能になり、したがって、株主に対しても、消費者に対しても説明責任を果たせないものとなった。その結果は信頼の不足である。

遠藤さんはフクシマの原発事故以後の原子力損害賠償をめぐる政策構築を、欠陥だらけの原賠法制定に遡って解き明かす。そして損害賠償のための支援機構設立という、ミナマタの公害処理と同じ行政手法、「国家は責任を負わないが実質的に被害者を救済する」という間接処理を採用するに至った過程を、当の政策立案者たちへの詳細なインタビューによってあきらかにする。

なぜ東京電力は「異常な災害による免責条項」の適用を断念したのか？　なぜ東電は破産処理されなかったのか？　なぜ東電は有限責任を認められなかったのか？　歴史の「もし」に答える代替シナリオが、東電を維持したままの間接処理に収束する過程を、緻密な推理小説のような手際で次々と解き明かす。経済ジャーナリストでもある著者の、取材能力のたまものであろう。

原発は政治であり、事故は人災である。印象的なのは、遠藤さんがしばしばくりかえす「厳しい世論を背景に」「世論がとうてい認めない」という表現だ。世論の動向は政治過程にあきらかな影響力を及ぼす。ひとりの無力は、だが非力ではないのだ。

草の根の運動が起こした奇跡

小熊英二さんの**『原発を止める人々』**はタイトルが大胆だ。「やめる」と読むか、「とめる」と読むか。やっぱり「とめる」だろう。主語は「私」、の能動性がある。

編著者の小熊さんは社会学者。思想史や社会運動の歴史社会学をテーマにしてきた。その彼が3・11以後、官邸前の毎週金曜日の抗議行動に至るまでの各地の多様な市民の動きをリアルタイムで「記録し、活動し、研究する」ために書いたもの。それというのも、いま記録に留めておかなければそれらの記憶は失われてしまうし、またマスメディアが報道しようとしなかった動きだからだ。

巻末の「2011年以降の反原発デモ・リスト」を見ただけで、脱原発の抗議行動が、文字どおり草の根で、どのくらいの拡がりと自発性をもって行われたかがわかる、貴重な資料集となっている。事故当時の最高権力者だった、菅直人氏へのインタビューも収録されている。

小熊さん自身も、その動きをつくりだした当事者のひとりである。そういうインサイダーの証言集ともなっている。本書は小熊さんの歴史家としての使命感と、当事者としての意思が生み出した、そして彼の編集者としての力量がいかんなく発揮された「作品」である。

「原発を止める」というのは、決して荒唐無稽ではない。なぜなら2015年5月現在、日本国内のすべての原発は止まっているからである。原発なしで迎えた5月5日の「こどもの日」は、子どもたちへの最高の贈り物になったはずだ。再稼働した大飯原発も、13カ月目の定期点検に入って停止している。原発が1基も稼働していなくても、日本国内の電力は足りており、なんの不都合も起きていない。

小熊さんは言う、「日本において『脱原発』はすでに実現した」。しかも「世界の運動がどこもなしとげたことがない、非暴力直接行動によって官庁街を長期にわたり占拠するということも実現し、与党(当時)のエネルギー政策を変えさせた」。

本書にはその「原発を止めた人々」の証言集が出てくる。引用しよう。

「沈黙はすなわち同意」「無知から子どもを被曝させてしまったという後悔の念は一生消えることがない」「息子に恥ずかしくないように」「こんなめにあってもなお、ひとつも怒らないような、そんな人間でありたくない」「無かったことにしたくない」「愚かな国民と呼ばれたくない」、そして「自分の人生のためにふつうのことをする」「あ、誰でもできるんだ」「対立より対話」、それを通じて「これほど自律的に動く集団を見たことがない」「脱原発を通じて出会った人々は、暗闇の中で光る一条の灯火」「重い悲観にうちのめされながらも前にすすんでいるという楽観」のうえに、「町にデモのある風景」があたりまえになった。いま「何もしなかった自分はもういない」「歩き方を知った私たちは、もう立ち止まることはない」。

この調子でどこまでも引用で埋め尽くしたいくらいだ。自分の目で読んでほしい。首都圏デモの主催者のひとりはこう言う。「(2012年末の3・11以後初の国政)選挙の結果にもがっかりしなかった」、というのは「こういう積み重ねで日本は来ているんだから、がっかりする暇なんかないぞ」。

日本はいま、世界で原子力リテラシーがもっとも高く、市民運動の経験を積んだ人材の蓄積がもっとも豊かな社会のひとつになった。

証言を受けた編者の結論が力強い。「人々はいまだ、その奇跡を奇跡として自覚するほど、みずからの達成に慣れていない。そのことがはらむ可能性の深さに、彼らはまだ気づいていないのである」

原発をつくらせなかったひとびと

日本に原発が54基あることは知っていた。１９６６年に東海村で第1号がつくられて以来、年に2基のペースで増えていった原発は、実は70年代までに計画された17カ所に限られる。それ以降に立地計画が浮上した全国約30カ所では、原発は１つもつくられていない。なぜなら……現地の人びとが抵抗し抜いたからだ。

山秋真さんの『**原発をつくらせない人びと**』を読んで初めて知った。他の地域に建てられないからこそ、福島や敦賀など、原発銀座と呼ばれるほど何基も林立した地域があるのか。若手の社会学者、開沼博さんが『**「フクシマ」論**』で論じたように、原発が1基増えるごとに交付金が増え、もっともっと、と地元が「アディクション（中毒）」症状を起こすようなしくみがあるのか……。目からウロコだった。

山秋さんは、石川県珠洲《すず》市で原発をつくらせなかったひとびとの運動に寄り添って『**ためされた地方自治　原発の代理戦争にゆれた能登半島・珠洲市民の13年**』を書いたフリーライター。この本で（松井）やよりジャーナリスト賞と荒井なみ子賞をダブル受賞した。

能登半島では、原発は志賀にはあるが珠洲にはない。紀伊半島には1基もない。和歌山県と三重県で原発立地の計画がありながら、それを押し戻した人たちがいたからだ。『**原発を拒み続けた和歌山の記録**』に詳しい。原発を選ばなかった人たちは確かにいたのだ。「だまされた」「国を信じた」と言うだけでよいのだろうか。

本書は3・11直前に最大の争点になっていた、祝島《いわいしま》からのレポート。祝島の対岸4キロの地点にある上関《かみのせき》町田ノ浦に原発計画が浮上してから、30年間にわたる抵抗の記録である。「何かがあるんじゃろうじゃ?『銭をやるけえ、つくらせてくれ』言うのは」という島民の直観は正しかった。

敦賀原発地元の僧侶、故立花正寛《しょうかん》の発言を、著者は引用する。「あと5年、いや10年かな、抵抗しつづければ、原発は経済的に破綻して、撤退せざるを得なくなるでしょう。あと10年、頑張ってください」。そのとおりになった。だが、フクシマの事故という、とてつもない代償を支払って。

著者は時間を追ったドキュメントのなかで、祝島の女や男の口調を生き生きと伝える。いちばん強かったのはおばちゃんたちだった。「男はそっちのけ。おなごのほうが強いちや。（運動を）せてみてから（そう）思いよった」。

原発との闘いはカネとの闘いだ。中国電力によるありとあらゆる切り崩し工作の過程で、祝島漁協は、他の漁協が受け取った漁業補償金約11億円の受け取りを拒否した。それを通したのもおばさんパワーだった。「カネをもろうた者は、モノを言えんごとなる」と。カネを受けとるのは海を売る行為。漁師は言う、「誰の海でなし。みんなの海じゃから、守らんといかんのよ」。

２００５年から中電は調査の名目でボーリングを開始、09年には埋め立て工事に「着工」。緊迫度は増す。そこから陸と海での闘いが始まる。座り込み、漁船による抗議、カヤック隊の出動など。11年2月はさながら海戦の趣き。それをルポする著者の筆は迫真の実況中継のようで手に汗握る。危険な海上行動で犠牲者を一人も出さなかったのは、中世以来の水軍の伝統を持つ抜群の操舵《そうだ》術のためだろう。祝島の民はまつろわぬ民、プライドが高い。著者は歴史にも踏み込む。

原発事故で一時中断となった上関原発計画は、政権交代でまた予断を許さぬ状況となった。この国はいったいどれだけの代償を払えば学ぶのだろうか。

「悪魔の光線」以後の世界で

3・11から4回にわたる国政選挙で、原発は争点の中心にはならなかった。わたしたちはあの悪夢を、もう忘れてしまったのだろうか？

放射能の発見から世界を何度でも破壊できる核兵器の開発まで、わずか半世紀足らず。その発見者、ノーベル賞を2度受賞した女性科学者、マリー・キュリーの次女エーヴ・キュリーによる伝記『**キュリー夫人伝**』が、新訳刊行された。

大きくなったら何になる？……キュリー夫人みたいになりたい。どれだけの女の子たちがそう言ってきたことだろう。長じてのち、「キュリー夫人みたいになる」ことがどんなに至難かがわかるのだけれど。とはいえ、彼女の存在はどれだけのリケジョたちを励ましただろうか。

夫をむごい馬車の事故で亡くしてから、彼女は38歳の若い未亡人になる。それから１９３４年に66歳で死ぬまでのおよそ30年間に世界を股にかけて獅子奮迅の働きをする。最後は長年の放射能実験のせいで、白血病でぼろぼろになって死ぬ。まだ放射能の怖さは知られていなかった。

「悪魔の光線」を見つけてしまった人類のその後。科学の発展はやまず、やがてマンハッタン計画を経て、広島、長崎に原子爆弾が落とされるまではあっというまだった。

若い女性作家、小林エリカさんが**『マダム・キュリーと朝食を』**で、放射能汚染以後の世界を描く。フクシマ以後の街で、自由になった猫が主人公だ。街も公園のブランコも、猫も光る。人間には目に見えない「光」が、猫には見える。時空を超越して、ラジウム発見以前と以後の世界を文章の力だけで縦横に旅する。破局の予感に胸がしめつけられるようだ。なぜなら私たちはその後、を知っているから。

小説家かと思っていた小林さんに、**『光の子ども』**というコミックがあることを知った。13年に1巻が出てから3年かけて2巻目が出て、完結した。これをコミックと呼ぶべきだろうか。あるいはコミックエッセイと?

たしかに絵と吹き出しとコマ割りはある。ダイナミックなコマ割りの構図のなかに核分裂の数式が書かれ、岡崎京子の線を思わせるタッチで、キュリー夫人の一生が、彼女の生きた世界史の文脈に織り込まれて、鮮明に描かれる。破滅の予感が全編に漂う。そして最後は……広島の焼け跡だ。それを見ているのは現代の少年、光と猫だ。破局を知っているのに、止めようとしても止められない人類の運命。

78年生まれの小林さんの世代には、抜きがたい終末感が色濃くあると感じてきた。95年の阪神大震災とオウム事件のときには、多感な10代だった。20代で9・11を経験し、30代で3・11を経験している。

それにしても、中村文則さんが「マンガ表現の最先端」と呼ぶ彼女の表現を、いったいどんなジャンルに分類すればよいのだろう。日本のコミック文化が、今や世界中どこにもないユニークな達成を生んだ。あまりにユニークなので、誰によっても、どの分野においても、評価することがむずかしいだろうとすら思わされる。この世代は言語表現以前に、映像による自己表現を学んだ世代だ。端倪《たんげい》すべからざる才能である。

マダム・キュリーがもし放射能を発見していなかったら。ヒロシマ、ナガサキはなかったのか。そしてフクシマは？　だが、誰もそれを止められない。そして破局のあとで、「世界の終わり」のような光景を目にしながら、それでも生きていかなければならない「光の子ども」たち……ポスト3・11の世代は、どんな選択をするだろうか。

チェルノブイリの教訓から学ぶ

綿貫礼子さん、日本の女性サイエンス・ライターの草分け。２０１２年1月30日永眠。享年83歳。

年配の方とお話ししたとき、「1年早く死んでいれば、３・11の惨状を見ずにすんだのに」と嘆かれた。だが綿貫さんには３・11を経験していただいてよかった。『**放射能汚染が未来世代に及ぼすもの**』は彼女の遺著であり、３・11後へ向けて、気迫のこもった後世への贈り物である。

２０１１年初め、彼女は秋に予定されていたチェルノブイリ25周年の国際科学会議に出席する予定で、本書を書き始めていた。すでに彼女の健康は、がんで蝕《むしば》まれていた。そこへ３・11が襲った。あとがきにあるように「誰かに〝背中を押されるかのように〟、時間と競争しながら書き上げた」のが本書である。病院のベッドでゲラを校了し、刊行を待たずに亡くなられたが、没後、ご本人の筆跡でサインの入った献本が届いた。

本書の書評を、とりわけ熊本の読者にお届けすることに、深い因縁を感じずにはいられない。なぜなら綿貫さんをチェルノブイリへ向かわせたのは、水俣の経験だったからだ。彼女は1970年代に色川大吉さんを団長とする不知火海総合学術調査団のメンバーだった。そこで胎児性水俣病患者と出会い、胎内汚染へと目を向ける。チェルノブイリ事故のときはただちに現地へ飛び、その後長きにわたって「チェルノブイリ被害調査・救援」女性ネットワークの代表を務めた。

没後、本書の刊行を実現したのは、同ネットワークを支えた仲間、吉田由布子さんと二神淑子さん、そしてロシアの研究者との橋渡しをしたリュドミラ・サァキャンさん。

その彼女が見いだしたのは化学物質と放射能汚染の驚くべき類似性、とりわけ胎内環境への長期にわたる影響である。背後にあったのは、女性の生殖健康（リプロダクティブ・ヘルス）への、彼女の一貫した関心である。

ＩＡＥＡ（国際原子力機関）を中心とした国際的な原子力管理のしくみを「国際原子力ムラ」と彼女は呼ぶ。ＩＡＥＡはもともと原発推進機関であり、ＩＡＥＡが「事故で放出された放射性物質による環境影響や健康影響についても主導している」ことは、ちょうど原子力保安院が経産省のもとにあるのと似ている。「チェルノブイリ事故をめぐり『公式』とされている健康影響評価とは、国際原子力ムラの体制の中ですすめられてきたもの」であり、「低線量被曝」の効果を小さく見積もらせるＩＡＥＡの放射線健康影響評価を信じるな、と彼女は警告する。

「国際原子力ムラ」の御用学者たちが無視し採用しないのは、現地で息長く治療や調査にあたってきた研究者のデータである。彼らは成人期に被曝した女性、児童期に被曝、乳幼児期に被曝、胎児期に被曝、そして思春期および思春期前期に被曝した男女の産んだ次世代の子どもたちまでをも追跡調査の対象としてきた。そして甲状腺がんだけにとどまらない健康被害を発見した。

チェルノブイリ以後25年という時間は、それだけのデータの蓄積を可能にしたのだ。その結果を知るのは、フクシマの被災者たちにはどんなにつらいだろう。ミナマタの被害者にはどんなに痛恨の思いだろう。

ミナマタは終わらない。チェルノブイリは続いている。そしてフクシマは始まったばかりだ。どちらの教訓からも私たちは学ぶことができるのに、そうしようとしない。

本書からは、綿貫さんのほとばしるような切迫した思いが伝わってくる。今度は読者のわたしたちが、彼女のメッセージを受け取る番である。

第4章

格差社会のなかのジェンダー

破滅へとひた走る赤字国

行きすぎた円安の影響で、つづけて日本は貿易赤字だという。通貨の価値は国富への国際評価。それを切り下げてまで安倍政権は円安へ舵《かじ》を切った。このままでは日本は財政赤字に貿易赤字、世界最悪の「双子の赤字」国となる。

アベノミクスが登場したとき、これは「日本経済をカタにとったばくち」だと思った。ばくちで負けこみそうになったので、あわてて選挙民の目の前で景気よくルーレットを回す。政府がカジノ導入に熱心なのはそのせいだろうか。

日本経済の危機がどのくらい深いかを目のあたりに見せてくれるのが橋爪大三郎・小林慶一郎さんの**『ジャパン・クライシス』**だ。いったんインフレが始まればそれを2％以内に収めるよう、「アンダー・コントロール」するなんて誰にもできない。ハイパー・インフレになれば高齢者の資産はちゃらになる。そんな怖いばくちに、国債も年金も乗せられている。もはや増税は一刻の猶予もならない。財政再建のために消費税35％で50年間、という本書のシナリオは、すべて将来世代へのツケになる。

日本国民に「痛税感」がつよく、税金が上げられないのは、中産階級に税の還元が実感できないため、と井手英策さんはいう。こういう時こそ、長いタイムスパンで日本の財政構造についてがっちり勉強したほうがよい。**『日本財政　転換の指針』**はそのための絶好の教科書だ。90年代から日本は減税に次ぐ減税を実施した。消費税すら「減税のための財源を得るための増税」だった、と井手さんは指摘する。

その背後にあったのは「土建国家」である。だが人口構造が変わり国民のニーズが変化すると、中産階級すなわち税負担をもっとも重く背負っている給与所得者の同意を得るには、再分配へのシナリオを提示しなければならない。国民に受益感がなければ、「租税抵抗」はなくせない。

そう、税金は何のために払うか？　自分自身の福祉に返ってくるためだ。財源がなければ再分配には回せない。消費増税を先送りすれば、社会保障政策の改革はそのあいだすべてストップする。払ったものは戻ってくる、税金とはほんらいそのためのものだ。

再分配のための社会保障のグランドデザインを提示するのが、宮本太郎さんの**『社会的包摂の政治学』**である。ワークフェア、アクティベーション、ベーシックインカムを選択肢とする議論の骨格は太く、射程は長い。この三つの福祉政治の違いが、よくわかった。

ひさしぶりに読み応えのある理論書を読んだ。

再分配システムの分析にジェンダーを組み込んだのが、大沢真理さんの『**生活保障のガバナンス**』である。大沢さんは豊富なデータをもとに、日本の再分配政策が貧困層に冷たく、女・子どもに手うすいことを証明する。日本の強固な男性稼ぎ主型の生活保障システムこそ、「女性活躍社会」を阻むものだ。

もう1冊、才気あふれる経済学者、中山智香子さんの『**経済ジェノサイド**』を。ジェノサイドとは集団虐殺のこと。アベノミクスの背後にあるネオリベラリズムの経済理論を唱えたフリードマンを、学説史に位置づけて紹介し、的確に批判する。

わたしたちは、破滅に向かって暴走する列車から降りられないのか。

格差の背景にある不平等

利子と地代は資本主義の謎である。マルクスにも解けなかった。労働は富を生む。それが産業資本主義の基本のきなのに、世界はいつのまにか、グローバル金融資本主義が席捲する時代に入っており、カネがカネを生むことに、疑問を持つ者は誰もいない。

２０１４年著者の来日によって、ピケティ現象は一大ブームとなった。フランスの経済学者、トマ・ピケティはカネがカネを生むしくみをキャピタルゲイン（資本所得）として労働所得（フロー）から区別し、資本収益率が労働所得によって得られる経済成長率を上回るときに、格差が拡大するというシンプルな事実を、膨大な歴史的データにもとづいて突きつけた。

そのピケティの師にあたるアンソニー・アトキンソンの著書『**21世紀の不平等**』が訳出された。ピケティの原著は２０１３年、アトキンソンの原著は２０１５年。師よりも有名になったピケティの「序文」をつけて2年後に出版されたこの本は、ピケティ効果のおかげで売れることを期待されたのだろう。同じくらいの厚みと同じ判型のハードカバーの本書は、ピケティの本を意識して、白と黒の対比もあざやかに、邦題も「21世紀の…」とつけられている。

原題はずばり、「不平等」だ。ピケティの翻訳者でもある山形浩生の「(訳者) 解説」を読んで、もっと驚くことになる。山形は、ピケティの本では、「不平等」を「格差」と訳した。訳者は「この訳し分けに意味はない」というが、とんでもない。「格差」と「不平等」ははっきり使い分けられている。「格差」は合理的根拠のある違い、「不平等」は正当化できない差別を言う。政府が「格差」を使っても「不平等」と決して言わないのはそのせいだ。

ピケティは「序文」のなかで「経済学は社会道徳科学」だという。アトキンソンは経済学は「分配」の問題にもっと目を向けるべきだと主張する。ピケティが扱ったのも、富の分配問題である。なぜなら、分配は人為的な政策に影響され、不平等は人災だから。そして不平等は認められてはならないからだ。

イギリスで1980年代から「不平等への転回」が起きたのは、保守革命のもと累進課税をいちじるしく引き下げたから。それは次の世代のスタートラインに差をもたらすことで、不平等をいっそう拡大する結果をもたらす。日本でも同じことが90年代以降に起きた。

不平等は二つの世界大戦時に縮小している。戦争は——これも人災だが——金持ちが無一文になり、貧乏人が出世するチャンスをもたらすからだ。ずばり、戦後日本の出発を、社会移動空間の変貌という視点から描き出したのが、橋本健二『**はじまりの戦後日本**』である。これを読むと、格差社会の解消のため、「いっそ戦争でも起きて何もかもリセットできたら」という不穏な欲望にも、根拠があることがわかる。

にもかかわらず、戦争の負の影響は、底辺の労働者階級に、より過酷に働く点で不平等だった。今日の「格差」の背景に、今日までつながる正規工と臨時工、男性と女性の「不平等」が埋め込まれていることを、橋本さんはデータにもとづいてはっきり指摘する。なぜ「不平等」かといえば、「身分差別」というほかない不当な「差別」が内包されているためだ。

橋本さんの達意の文章は、マクロの社会移動がどのような個人個人の人生の変化によってもたらされる集積かを、体感させてくれる。

「女性の活躍」阻む日本型雇用

２０１６年４月１日から「女性活躍推進法」が施行された。従業員３００人を超える企業に女性登用についての数値目標が課されたが、罰則規定なしの努力義務のみ。実効性のない男女雇用機会均等法の二の舞いにならないかと危惧される。

２０１５年は均等法制定30周年だった。日本学術会議も、「みにくいアヒルの子」として反対を受けながら成立した均等法が、数次の改正を経て「白鳥」に化けたのか？というテーマで通称「白鳥シンポ」を主催したが、その全記録が「フォーラム女性と労働21」15年2月号に掲載されている。動画はＷＡＮ（認定ＮＰＯ法人ウィメンズアクションネットワーク）のウェブサイトでも配信中。

リクルートエージェントが刊行している雑誌「ＨＲｍｉｃｓ」23号の「２０３０と『上げ底女子』活躍」特集号にさっそく「上げ底女子」なるネーミングが登場、底意地の悪さを感じる。均等法のときに見たのと同じ景色。デジャビュ（既視）感がある。女性管理職を増やしたくても、管理職候補生にふさわしい人材のプールに女がいない。たとえ勤続年数が長くても、男性社員のように管理職コースを歩んできていないからだ。結果、訓練も経験も足りない女性を「抜擢《ばってき》」して、能力が及ばず挫折すると、「やっぱり女は……」と差別を強化するという悪循環が起きた。

能力主義のIT職場なら女性差別は起きないだろうか？　大槻奈巳さんの『**職務格差**』は、SE（システムエンジニア）という最先端のIT職種の現場に分け入って、実証研究した労作だ。同じ雇用区分で採用された男女SEは、管理職や同僚による職務配当の巧妙な誘導の結果、10年もすると男性はプロジェクトリーダーや新規商品開発のチームに、女性は保守・管理などのバックヤード業務に固定される傾向があるという。

男性が経験値を積んでいく過程で、入社時にはほぼ同等だった男女のあいだに力量の差がついてしまう。結果、昇進も昇給も男性が先になる。人事の現場の差別を実証した、おそろしい本だ。

拙著『**女たちのサバイバル作戦**』で、「日本型雇用」が諸悪の根源と論じた。まったく同じことを、濱口桂一郎さんが『**働く女子の運命**』で書いている。同書には「そうか、やっぱり、そうだったんだ。ニッポンの企業が女を使わない／使えない理由が腑《ふ》に落ちた」と推薦の文を寄せた。

日本型雇用とは、終身雇用、年功序列給、企業内組合の3点セットからなる。ひとつの組織に長く居すわれば居すわるほどトクをするというしくみだ。一見、性別に中立的に見えるが、このルールのもとでは長期にわたって構造的に女性が排除される。これを間接差別という。

日本型雇用は、あきらかに女性差別的な雇用慣行だということを、濱口さんも立証している。そのとおり。「男なみ」の労働環境に女も合わせろという「男女平等」がうまくいくわけがない、と均等法時代からわたしたちは警告してきたのだ。変わらなければならないのは女ではない。企業と男性社員の働き方のルールのほうだ。

海老原嗣生さんの『**女子のキャリア**』は、大卒女子採用市場の変化から、企業の内部改革に期待を寄せている。

均等法施行から30年間、日本型雇用のもとで企業の男性稼ぎ主型の人事管理は、少しも変わっていない。男仕様の職場にそのまま女に入って来い、そこで歯を食いしばってがんばれ、というばかりが「女性活躍」なら、失敗は目に見えている。

就職戦線――埋まらない男女の差

大学生の就活開始時期が、2015年から3年生の3月に延期されたという。一昔前「就職協定」があった頃には4年生の7月開始だった。それがどんどん前倒しになり、3年の秋から。2年生や3年生の夏にインターンを導入している企業もある。4年生の5月にはほぼ内定をゲット。それ以降にも内定が決まらない学生は卒業まであせりまくる、という就活の「定番」はいつからできたのか。

このせいで3年後期から学生は浮足だち、内定をとればとったで学習意欲がいちじるしく低下して、4年制大学の後期教育課程は崩壊の危機に直面している。

不況下で新卒内定率は依然、低いままだ。景気が上昇しても先進国では「雇用回復なき景気回復」のパターン。海外での雇用は拡大するかもしれないが、国内雇用は精選される。湯浅誠さんが『**どんとこい、貧困！**』でいう「椅子取りゲーム」の椅子の数が大幅に減少していることを学生たちはよく知っているからこそ、就活に血眼になる。今でも彼らの望みは、大企業の終身雇用をゲットすることだ。

就活の学歴差、学校間格差の大きさはつとに指摘されているが、それと並んで大きいのがジェンダー差。就活戦線は男子と女子とではいちじるしく違う。

日経ウーマンの元編集長、麓幸子さんには『**就活生の親が今、知っておくべきこと**』がある。「母と子の444日就活戦争」と帯にある本書は、ご自分の息子さんの就活体験にもとづいて書かれたものだが、そのなかに、「女子学生とその親たちに伝えたいこと」という章がある。麓さんは本書刊行から2年後、下の娘さんの就活期を迎えて、リアルタイムで「続・母と子の就活戦争」を日経電子版でWeb連載。読者もつい応援団の気分になる。

「雇用のカリスマ」海老原嗣生さんの『**女子のキャリア**』は、帯に「〈男社会〉のしくみ、教えます」とある。海老原さんは雇用の「一番の問題はジェンダーでしかない」と言い切る。

もう1冊似たようなテーマを扱った本に、永濱利廣『**男性不況**』がある。が、この種の本にありがちな「男の職場を奪ったのは女」ととられかねないあおりがあるのは、感心しない。副題に「『男の職場崩壊』が日本を変える」とあるが、「男の職場崩壊」を招いたのは女性ではないし、これまで男性がその能力にかかわらず不当に「優遇」されてきたことを、かえって証明するようなものだろう。

新聞記者として長く女性の労働問題にとりくんできた竹信三恵子さんの『**しあわせに働ける社会へ**』は、「こんな働き方でいいのか」と問いかける。竹信さんの著書では「労働時間の総量規制」や「同一労働同一賃金」のような政策課題が解決策として登場する。現状の働き方に合わせるよりも「しくみを変える」ことが必要だ、と。

男も女も働いて家庭を支え、子どもを産み育てる……そんなあたりまえのことがなぜできないのか？　内閣府の外郭団体、家計経済研究所が不況下の10年間、同じ女性集団を追い掛けたパネル調査にもとづく『**女性たちの平成不況**』（樋口美雄・太田清編）によれば、非正規雇用の女性より正規雇用の女性のほうが、結婚確率も出産確率も高いことがはっきりわかっている。

このデータが教える少子化対策の処方箋は、女に安定雇用を保証することだ。雇用崩壊が進み、働く女性の6割近くが非正規雇用の今日、このままでは、日本に子どもが増える兆候はない。

日本企業のワークライフ・アンバランス

安倍政権は「女性の活用」がお好き。なぜってこんな少子高齢社会では、女性は日本に残された最後の資源。寝た子をたたき起こしてでも「活用」しないわけにいかない。女にも働いてもらいたい、だが子どもも産んでもらいたい。仕事と家庭の二重負担は、あいかわらず女にばかりしわよせされる。男の働き方を変える気はないらしい。

「アベノミクスは女を幸せにするか?」というトークイベントが紀伊國屋サザンシアターで開催された。**『家事労働ハラスメント』**の著者、竹信三恵子さんと、**『女たちのサバイバル作戦』**の著者であるわたしがトークするイベントのタイトルだが、答えはもちろん、ノー。一方は女性の家事労働負担から、他方は女性の働き方から、2冊合わせて読むと、合わせ鏡のように女性の現状が浮かび上がってくる。

竹信さんが「家事労働」と呼ぶのは、わたしが**『家父長制と資本制』**のなかで、「不払い労働」と呼んだものだ。この女性の見えない労働は、「再生産労働」とか「ケア労働」とかさまざまな名前で呼ばれてきた。国際労働機関(ILO)条約では「家庭責任」とも呼ばれる。

男に家庭責任はないのかっ、と言いたくなるが、「あたかも家庭責任がないかのように」ふるまってきたのがこれまでの男性労働者だった。女も男も育児や介護などの「家庭責任」を背負ったとたん、「二流の労働者」に転落する運命にあり、曽野綾子さんから「出産したら女性は会社を辞めなさい」とマタニティー・ハラスメント（妊娠・出産に伴ういやがらせ）を受けるはめになる。

気鋭のメディア研究者の共同研究、林香里・谷岡理香編著**『テレビ報道職のワーク・ライフ・アンバランス』**が超おもしろい。50代管理職、30代中堅報道職男女30人に詳細なインタビュー調査を実施し、分析したものだ。

高給取りだが深夜に及ぶ激務の職場で、50代女性は「初の女性」管理職世代。50代男性が全員子持ちの既婚者で妻が専業主婦であるのに対し、50代女性は既婚と離婚・非婚がほぼ半々。子持ちは半数。「子どもができても働き方に変化はない」という男性報道職に、生活に目配りした番組がつくれるのだろうか、と本書は問いかける。同じことは新聞記者にも大企業総合職にも言えるだろう。

女性の就労率も出生率も高いフランスの事例を詳細に研究紹介したのが、石田久仁子・

井上たか子・神尾真知子・中嶋公子編著『**フランスのワーク・ライフ・バランス**』。出生率低下は先進諸国の共通の傾向だが、フランスと日本の政策の違いが、異なる効果をもたらすことがよくわかる。

「3年抱っこし放題育休」より、待機児童をなくしてほしい、というのが女性の切実な望みだが、「子育て支援」の現場は誰にどのように支えられているのか？　男性社会学者の松木洋人さんが、保育ママ、子育て広場などさまざまな子育て支援の担い手にインタビューした内容を繊細に分析した『**子育て支援の社会学　社会化のジレンマと家族の変容**』が興味深い。

支援者たちは「家庭で母親が育てるのがいちばん」と考え、それを代行しているという意識が根強い。この「家庭育児」の神話がなくならないかぎり、社会が子育ての責任を分かち合うという「育児の社会化」は進まないだろう。

「消費」される貧困女子の生態

若い女性の貧困が問題になっている。親の暴力や性虐待から逃れて親に頼れず、学校からはドロップアウトし、職場には入れてもらえない。その日の宿や食事にも窮して身を投じるのが風俗の世界だ。彼女たちの性とひきかえに一夜の宿や一食を提供する男たちとをつなぐのがネットである。女の子の窮状につけこむオトナの男が、かんたんにネットでひっかかるほどいるという事実に暗澹《あんたん》とする。

当事者に密着取材して書いたのが、鈴木大介さんの『**最貧困女子**』だ。鈴木さんは「社会が、政治が……」と声高に叫ばない。身寄りのない女の子が理由を問われずに安全に過ごせる居場所がほしい、と実践的な提案をする。

当事者の立場から貧困に陥った経験を書いたのが、大和彩さんの『**失職女子。**』。大卒で就職した先が契約社員。やっとの思いで正社員になったと思ったら、カラダをこわして休職。親に追いつめられて、ココロも壊した。１００社を超える就活に全敗。貯金を食いつぶし、せっぱつまって駆けこんだ役所で生活保護という選択肢があることを示される。風俗か自死か、というぎりぎりの状態からようやく逃れた奮戦記が爆笑（！）モードで描かれる。

働く意欲も能力もあるのに、職がない、あっても食えない、ココロもカラダも壊れてしまう……彼女のネットでの情報収集力、ユーモラスな文体、どたんばでの対処のしかたを見ていると知性も能力も高い女性だとわかるのに、そんなひとでも貧困に追いつめられるのがこの社会だ。

50代で外国で突然失職したのが栗崎由子さん。『**女・東大卒、異国で失業、50代半ばから生き直し**』は必死のサバイバル体験記だ。職探しをするときの彼女の言がよい。「しごととは、自分に何ができるかではなく、相手が自分に何を求めているかに応じること」だと。就活生のすべてに聞かせたい。

万策尽きたときの最後のセーフティネットが生活保護。だが生活保護の受付窓口の対応しだいで、受けられるひとと受けられないひととの差ができる不条理をみんな知っている。当たりが悪ければ侮辱や差別を受けて、立ち直れないほど傷つく場合もある。幸い大和さんの担当は、公平で有能な公務員だった。申請が相手とやり方しだいで左右されるのはおかしなことだが、この本には生活保護申請の役に立つ手引きが紹介してある。

働きたいのに働けなくなったあなたには最強の福祉がある、と伝えてくれるのが、中井宏監修、岩崎真弓さんたち5人の社会保険労務士による『**誰も知らない最強の社会保障障害年金というヒント**』。欠陥だらけの法律をどう使い回して権利を主張すればよいか、そのために専門家がどんなに心強い味方になってくれるかを懇切ていねいに教えてくれる。

それにしても。大和さんの奮闘記といい、さる難病患者の女性の闘病記といい、読者の笑いを誘う当事者ものが売れるのは、なにやら落ち着かない気分になる。とてつもなく深刻な事態を描いているのに、爆笑しながら消費されてしまう。貧困女子の生態も、風俗ルポすれすれのあざとい仕方で消費されることもあるだろう。

女性の貧困問題の研究者、阿部彩さんは、若い女性の貧困がメディアの脚光を浴びて消費される陰に、誰も光を当てないもっと深刻な貧困がある、という。それは結婚の外にはみだした中高年女性の貧困だ。少女の貧困には好奇の目を向ける社会とメディアは、オバサンとオバアサンの貧困には関心がなさそうだ。

子どもが貧困になる社会構造

「貧困女子」だけでなく、「子どもの貧困」が問題になっている。阿部彩さんの『**子どもの貧困2**』によると、日本の子どもの相対的貧困率は15・7%(2009年)。行政が実態をつかみやすい義務教育中の就学援助費（給食費、学用品費など）の受給率だと15・6%(11年度)、6人に1人。まさか、と思う数字である。

子どもが貧困なのは、もちろん親が貧困だからである。子どもの貧困世帯の多くがひとり親世帯。そのなかでも母子世帯が多い。母子世帯の貧困率は5割を超す。女が子持ちになり、そのうえ結婚からはみだせばあっというまに貧困に転落する、のがいまの日本なのである。

それなら女が「わがまま」で離婚するかといえば、貧乏覚悟で離別する多くの女性の離婚理由は、夫のDVや借金から子どもを守る「子どものため」動機だ。単独親権しか認めない日本では、1950年代までは親権はほとんど夫のもとに行った。離婚が女にとって子別れと同じだった時代には、子どもがいることが離婚の抑止力になったが、いまでは親権の大半が妻方に行く。

日本の女は子どもを抱えて、不利な選択をする。そして困難ななかにあっても子捨てをしない。たまに大阪の幼児置き去り餓死事件などが報道されると、同じような状況にいる多くのママたちが、子どもを捨ても殺しもせずにいることに驚嘆するくらいだ。

自身もシングルマザーである赤石千衣子さんの『**ひとり親家庭**』は、その状況をリアルにリポートする。日本のシングルマザーの特徴は、生活保護に依存している割合が少なく、多くの女性が働いていること。そして「仕事をしても、しても、収入が低い」ことだ。なかには、ダブルジョブ、トリプルジョブをかけもちしている人もあり、したがって子どもと一緒にいられない「時間貧困」になる。13歳で惨殺された川崎の中学1年生のママもそうだった。

子どもが貧困なのは、その親のシングルマザーが貧困だから。シングルマザーが貧困なのは、女のしごとが「男性稼ぎ主型」の家計補助向きの低賃金に抑えられているからだ。

タイトルもずばり『**シングルマザーの貧困**』と題した水無田気流《みなしたきりう》さんの本は、シングルマザーの貧困問題は、「日本の社会問題の集積点である」という。就労・家族・社会保障制度のすべてにまたがるからだ。

赤石さんは日本の制度は女性が「夫に添い遂げればトク」になるようにできているという。そこに「つけこ」んだのが**『主婦パート　最大の非正規雇用』**だと本田一成さんは指摘する。主婦もワリを食っているが、主婦でなくなればもっと不利だ。

阿部さんも赤石さんも処方箋を提示する。今や現状を知ってもらう段階から、なんとか手を打たなければ次世代に影響が及ぶ危険水域に達しているという認識からだ。どの提言も聞くに値するが、誰も言わないのが別れた夫から養育費を公的機関が強制徴収する制度。養育費を受け取っているのは5人に1人、それもとどこおりがちだとデータは語る。夫に稼得能力がなくても国が代理払いをし、その分夫が債務を背負うという制度を採用している国もある。外国にはあって日本にはないこの制度を日本が採用しないのは、「男の責任」によほど甘い社会だからだろう。

男に頼らなくても子育てができるようシングルマザー支援をしない限り、日本社会の「少子化対策」は、とうてい本気とは思えない。

スポーツに見る性差別

2014年度のエイボン女性年度賞は、石牟礼道子さん、辛《シン》淑《ス》玉《ゴ》さんらと並んで、元「東洋の魔女」チームに贈られた。「東洋の魔女」と言えば、1964年開催の東京五輪で金メダルに輝いた日紡貝塚主体の全日本女子バレーボールチーム。エイボン女性賞は、女性の地位向上に功績のある女性を顕彰するために、化粧品メーカー、エイボンが主宰してすでに30年以上の歴史のあるものだが、個人ではなくチーム、それももはや解散して今はないチームに与えられたのはこれが初めてだろう。あれからおよそ半世紀。引退した元「魔女」たちは、その実ちっとも引退なぞしていなかったのだ。

鬼の大松こと大松博文監督が、オリンピックに出場するために婚期を逸してまでチームに残った河西昌枝主将をはじめとして、メンバーのひとりひとりに、結婚相手を世話するように配慮したことはよく知られている。オリンピックの優勝よりも、結婚こそが女性の「ゴール」と思われていた時代のことだ。

そうやって「主婦」になっていった彼女たちは、でもバレーボールをやめなかった。各地でママさんバレーの指導者になり、全国大会を組織し、活動を広げてきた。今日のママさんバレー隆盛の陰には、元「魔女」たちの地域貢献がある。その長きにわたる活動に対して、賞が贈られたのである。

紡績女工の人事管理と福利厚生の一環として始まった企業スポーツは、やがて工場労働の衰退と共に縮小し、不況とともになくなっていった。だが地域に散った選手たちは草の根で市民スポーツの担い手となっていったのだ。こうした経緯については、気鋭のスポーツ社会学者、新雅史さんの『**「東洋の魔女」論**』に詳しい。

私はエイボン女性賞の審査員を一時期引き受けていたが、審査員のひとりに、柔道家の山口香さんがいた。低迷の続く日本柔道界のなかで、88年ソウル五輪で銅メダルを日本にもたらした女子柔道界のスター、「女姿三四郎」と呼ばれる女性である。84年の世界選手権では金メダルを獲得し、日本女子柔道史上初の快挙と言われた。

まぢかで接する山口さんは楚々《そそ》とした小柄な女性だが、このひとが全日本柔道連盟の女子ナショナルチームの暴力問題告発を支援したときの凛《りん》とした姿勢は、記憶に新しい。山口さんには『**日本柔道の論点**』という著書がある。

同じく柔道家で研究者、溝口紀子さんの『**性と柔《やわら》——女子柔道史から問う**』は、目からウロコの柔道史。講道館の創始者、嘉納治五郎は女子柔道を推奨したのに、その後の講道館後継者たちは女子の競技柔道を長きにわたって禁止し、女子の競技柔道が始まったのは海外で、それに日本女性が参加できるようになったのは最近になってからのことだとか。へええ、知らなかった、という事実がぼろぼろ出てくる。

そのうえ柔道の段位保持者に与えられる黒帯が、講道館では、男子用と女子用とでデザインが違うのだとか。黒帯のあいだに入った白いライン……その柔道着の写真が本の表紙には使われている。なんだかな。女の黒帯は男の黒帯に比べて「二流」の刻印を押されてるみたいだ。これを表紙に使った溝口さんの、屈辱感と怒りとが伝わってくる。

それだけでなく、身体接触の多いスポーツ業界には、セクハラも多いそうだ。指導者はもしかしたら「愛のある指導」とか思いこんでいるかもしれない。その危うさと男のカンチガイを、社会学者、牟田和恵さんの『**部長、その恋愛はセクハラです！**』はうまく解き明かしている。

とかく女子は生きづらい?

とかく女子は生きづらい。

「こじらせ女子」の名をこの世にはやらせた雨宮まみさんの『**女子をこじらせて**』を、アラフォーの友人にすすめられて初めて読んだ。おもしろさにぶっとんだ。そしてもっと早く読まなかったことを後悔した。

雨宮さんはフリーのＡＶライター。音楽評を担当する音楽ライターがいるように、毎月量産されるアダルトビデオの新作レビューを書いたり、女優や監督のインタビュー記事を書いたりを仕事にしている。それというのも、男から相手にされない「女子力」ゼロのスクールカースト最底辺にいた（と思いこんだ）青春時代に、下りるに下りられない「女子をこじらせて」しまったから、と言う。

女の子が女に成長する過程には、必ず男の視線による値踏みという契機が入る。そのなかで、男にとって商品価値のある女とそうでない女とが選別される。男の視線は重力のようにあたりまえに偏在しているので、それから逃れて女が自意識をつくるのは難しい。

雨宮さんは自分が商品価値のない女だからこそ、ＡＶ業界に足を踏み入れた。逆にいつでも商品になれる可能性があるからこそ、その業界の謎に挑んだ若い女性社会学者がいる。鈴木涼美著『**「ＡＶ女優」の社会学**』だ。渋谷や新宿を歩いている女の子たちは、若くてかわいいだけでスカウトされる。「ことわる理由がない」という理由で、彼女たちはＡＶ業界に参入する。そのなかで彼女たちは「わたしがＡＶ女優でありつづける理由」を饒舌《じょうぜつ》に語る。ふつうの女の子が、ＳＭやスカトロまでこなすプロの女優になっていく過程を、そこに立ち会った鈴木さんはたんねんに追っていく。そして「自由意思」こそが「業務の一部」として生産され、本人の自意識に組みこまれていく過程を描きだす。

この過程は、プロフェッショナリズムと呼ばれるものと酷似している。映画『ハンナ・アーレント』に触発されて、アーレントの著書『**イェルサレムのアイヒマン**』をつい読んでしまったが、そこでも「より効率的にユダヤ人を移送する」プロフェッショナリズムが淡々と語られる。

その類似性は、むしろＡＶ女優という職業が他の職業とたいして違わないことを証明する。ひとは偶然のきっかけから職場に入り、やがて熟練によって職業的アイデンティティを獲得していくからだ。だが、ＡＶ女優の過去はコンビニのバイト経験のようにおおっぴらに語ることはできないし、履歴書に書くわけにもいかない。

わたしには「ふつうの職業」としてのＡＶ女優より、彼女たちを商品として消費する「ふつうの男」の欲望のほうがずっと深い謎だ。ＡＶ女優について語られた本はごまんとあるのに、ＡＶを消費する男を論じた本はなぜこんなに少ないのだろう？

女の子から女になる思春期のとば口で、身を切るような共感を味わえる書物のガイドが貴戸理恵著『**女子読みのススメ**』。著者は不登校経験のある若い女性社会学者。少女であったときの痛みを忘れないでオトナになったのがいまどきの女子たち。少し年長の女子たちによる『**女子会2・0**』もおもしろい。ここでも千田有紀、水無田《みなした》気流《きりう》というふたりの若い女性社会学者がリードしている。

生きづらい女子のためにわたしも『**女たちのサバイバル作戦**』を書いた。帯に「総合職も一般職も派遣社員も、なぜつらい？　追いつめられても手をとりあえない女たちへ」とある。担当編集者の30代女子が書いてくれたものだ。実感が迫る。

ケアとは非暴力を学ぶ実践

岡野八代さんの『**フェミニズムの政治学**』で、久しぶりに密度の濃い読書経験をして、知的興奮を味わった。女性学とは「女の経験」の言語化・理論化の実践だが、その直観を分節するという緻密な作業を引き受け、考え抜かれた書物である。フェミニズムには「個人的なことは政治的である」という命題があった。近代リベラリズムの個人観は、「個人的なことは個人的である」と宣言する。政治は公的なことだから、個人的なことを持ち込むな、と。著者はその前提に果敢に挑戦する。個人的なことはなぜ、いかに、政治的なのか？　その理路を解き明かす「政治学」なのである。そして同時に、リベラリズムに対する根深い疑い、なぜリベラリズムとフェミニズムは共闘できないか？　リベラリズムとフェミニズムとはどこで分岐するか？　という問いにも、答えようとする。

リベラリズムは、公的領域から私的領域を排除することで、公的領域における「自由で自律的な個人」すなわち「主権的主体」を措定する。だがそれこそ、個人が他者への依存なしに生きられないという事実への「忘却（をもとにした）政治」だと、著者は鋭く指摘する。いったい母から生まれなかった者はいるか、そして依存なしに育った者はいるだろうか。「主権的主体」とは「依存者としての自己」「関係のなかにあるアイデンティティ」を忘却することによって成り立つフィクションにほかならない。そして政治学とはそのようなフィクションによって、ということはつまり、女性の抑圧によって、初めて成り立った学問なのだ。

女性学のなかでは、公私二元論のもとで女性に割り当てられた指定席、すなわち私領域の復権や、ケアの倫理の優位性を主張する者たちもいる。だが岡野さんは、正義か善か？権利かニーズか？の二者択一のなかで後者を選ぶといった、二元論の内部の女向けの指定席にとどまらない。公私二元論そのものの解体にまで行き着こうとする点で、本書は真にラディカルである。

わけても暴力論は圧巻である。安全保障 security の語源である se-curus はケア（配慮）のない状態から来ているという。だが、「ケアのない状態」とはまったく非現実的である。子どもや老人や、障害者が「ケアのある状態」のもとにあるとき、その圧倒的に非対称的な権力関係のもとで、ケアを与える者は、自分の手にある生殺与奪の権力を行使することを抑制してきた。

思えば人類史のなかで、どれだけの母親たちがこの権力を行使せずに、すなわち暴力をふるうことなく、子どもたちを育ててきたことだろうか。あたりまえに見えることが、実は奇跡だと気づかされる。それができるなら、非暴力の世界もまた可能だと希望を持つことができる。

同じような生育過程を経ながら、成人までのわずかな期間のあいだに、なぜ一方（男性）は暴力を学び、他方（女性）は非暴力を学ぶのだろうか？　ケアとは、非暴力を学ぶ実践であるという発見は、男たちにもケアへの参加を促すだろう。

本書の理論的貢献は、政治学、そして政治思想という未開地にジェンダー概念を持ち込むことで、「公的領域」のジェンダー中立性の神話を崩すことにある。

「主権的主体」もまた「依存者」であるという発見を持ち込むことで、政治学はどう変わるのか？　本書に対する男性政治学者たちの反応を聞いてみたい。それとも本書は彼らから無視・黙殺される運命にあるのだろうか。刊行から半年、これだけの力作に書評が出ていないことがその兆候なのだろうか。この書評が最初で最後にならないことを祈りたい。

第5章
結婚・性・家族はどこへ?

主婦に思想はあるか

「主婦に思想があるか、ですって？　もちろん、ありますとも」——伊藤雅子さんの新刊**『女のせりふ』『続女のせりふ』**は「母の友」に１９８５年から２０１２年まで続いた長期連載を単行本にしたもの。その２冊同時刊行にあたって、頼まれてわたしが解説を書いた。そこから帯に採られた文章である。

１９６５年。日本で初の公民館託児つき講座が開設された。始めたのは、当時国立市公民館の若き職員だった伊藤さん。今でこそ、公民館や女性センターに託児があるのはあたりまえになったし、百貨店や居酒屋にさえ託児つきがあるが、その当時は「乳飲み子をかかえた女が、子どもを預けてまで学ぶなんて」わがまま、と言われかねなかった時代だ。

この学びの記録は国立市公民館市民大学セミナー編**『主婦とおんな——国立市公民館市民大学セミナーの記録』**として刊行されている。そのなかで伊藤さんはこう書いている。

「現在主婦である女だけでなく、まだ主婦ではない女も、主婦にはならない女も、主婦になれない女も、主婦であった女も、主婦であることが女のあるべき姿・幸せの像であるとされている間は、良くも悪くも主婦であることから自由ではない。少なくとも多くの女は、主婦であることとの距離で自分を測っていはしないだろうか」

『戦後思想の名著50』を岩崎稔、成田龍一さんと共に編んだとき、わたしは主張してこの本を、丸山眞男や吉本隆明などの書物にならんで、50冊のなかに入れた。そして解説を西川祐子さんに書いてもらった。わたし自身も「主婦の思想」というコラムを書いた。そう、思想は無名のひとびとのなかからも生まれる。その誕生に立ち会い、聞き取り、伴走したのが伊藤さんだった。

彼女はこんな「女のせりふ」を採集する。「女には名前なんていらないんですね」「女がどうして可愛くなくちゃいけないんだい?」「彼女、やっと子どもの話をしなくなったね」あれからおよそ半世紀。主婦は少数派になり、託児は権利になったが、女性と子育てをとりまく状況はどれほど変わったといえるだろうか?

偶然とはいえ、時期を同じくして、くにたち公民館保育室問題連絡会編**『学習としての託児』**が刊行された。読んで、驚いた。40年の歴史を持つくにたち公民館保育室が06年から保育室活動を支えてきた市民と公民館側との対立が原因で、危機に陥ったことがリポートしてある。「くにたち公民館保育室は、おとなの都合だけを先行させた便宜的な『子ども一時預かり所』に堕してはならない」という理念のもと、「学習としての託児」をとおして、おとなも子どもも共に学びあい育ちあうということ、そのために市民と公民館とが手をたずさえてきたのだという。

だから彼らは、「どんな公民館にも保育室があるのは当然」という状態を「発展」とは考えない。その「40年の歴史が培ってきた〈市民の宝〉」も、公民館の姿勢が変質して市民との信頼関係が失われ、一時閉鎖のあと再開された保育室は、それ以前のものとは似て非なるものとなった。本書は「それはもはや『くにたち公民館保育室』ではない」とまで言う。

40年といえば、世代が交代し、経験が歴史に変わるに十分な時間だ。本書は市民の活動が「時代を超えて伝え継がれていくこと」が、どんなに困難か、それは一瞬でも気を抜けばただちに押しかえされ、いったん得たものすら奪われる可能性をはらむことを、わたしたちに教訓として示す。

社会をあぶりだす食卓

阿古真理さんの『**小林カツ代と栗原はるみ　料理研究家とその時代**』に目のさめる思いがした。高度成長期から今日までの主婦と食卓の歴史を「料理本」を素材に、時代が求めたレシピと、それを伝える料理研究家の生き方を縦糸に、女性の主婦化や職場進出を横糸に、戦後女性史の織物を織り上げた秀作。目のつけどころがよい。

本書には高度成長期にテレビ番組「きょうの料理」で「家庭の味」を宣教した江上トミ、手抜きOKの短時間調理術を伝授した小林カツ代、「カリスマ主婦」のアイデンティティを大事にした栗原はるみ、「おふくろの味」を伝えた土井勝・善晴、辰巳浜子・芳子の親子、そして彼ら料理研究家のジュニアで「男子ごはん」を気軽に広めるケンタロウ、栗原心平、コウケンテツらが登場する。NHKの連続テレビ小説「ごちそうさん」のモデルは、小林カツ代と辰巳浜子だったとか。

ちなみにわたしが海外滞在のたびに持ち歩いたのが『**檀流クッキング**』。その完本が檀一雄の息子、檀太郎さんとその妻、晴子さんの尽力で刊行された。舌で覚えた家族の伝統計177レシピ。壮観だ。

主婦のつくる料理ベスト3が、カレー、野菜いため、ハンバーグだというデータを見たことがあるが、料理本やクックパッドがどんなに普及しても、食卓の実態に反映されているわけではない。それを知りたければ、岩村暢子さんの実証研究『**変わる家族　変わる食卓**』をはじめとする3部作から、衝撃的な食の崩壊の現実を知ることができる。だが、岩村さんのデータからは、調査の対象者がどんな階層に属するのかがわからない。

味の素が1978年から蓄積した貴重なデータをもとに、食生活の変化を分析したのが品田知美編著『**平成の家族と食**』だ。このデータは年齢、学歴、職業、家族構成、年収などの詳細な情報を含む宝の山。研究をオファーされて断る研究者はいないだろう。

わかるのは和食志向で、料理の品数が多く、行事食を重視し、健康コンシャスで、食費も高いのは高学歴・高経済階層だというあたりまえの事実。だが、「最も食卓に家族がそろわないのは片働きで夫の収入が高い世帯である」という皮肉な事実だ。しかも、「食事づくりの綿密さと、夕食中の会話の多さと、家族のだんらんの楽しさとは、必ずしも一致しない」という。妻の食事づくりは空回りしているのだ。

加藤文俊さんの『**おべんとうと日本人**』はキャラ弁（キャラクター弁当）づくりにも言

及している。弁当を通じた日本文化論という才筆をふるう社会学者とは、かの加藤秀俊さんかと思ったら、一字違いの若い社会学者だった。内閣官房の公式ツイッターが「女性応援ブログ」と題して「キャラ弁」を紹介したところ、「キャラ弁づくりが女性応援か」と、そのカン違いにひんしゅくを買ったことがある。

品田チームの分析によれば、弁当を「毎日つくる」のは、「つくらざるをえない」階層のひとびと、というミもフタもない現実。だから「お弁当づくりを楽しむ」余裕もない。「大人のいない食卓の風景画を子どもが描いたことに社会が衝撃を受けた80年代初頭から、大人の側に課されつつあった労働環境の変化を直視することなく、個人の意識改革と努力で対処させようとしてきた日本社会」(品田)を、食卓はあぶりだす。こわい本だ。

田舎はおいしい！

「田舎は、おいしい！　元気になる！　そして、カネになる！　そのヒミツはすべてこの一冊に」……金丸弘美さんの『**田舎力**』の再版に寄せた、わたしの推薦文だ。

金丸さんは食環境ジャーナリスト。名前からは女性かと思うけれど、アトピーの家族を持つ父親。ある若い父親が子育てをしてみて、「食べるものがぜんぶ、子どものカラダになるんだなあ」って感心していた。だから何を食べるかはとても大事。金丸さんは生産者をたずねて全国各地を歩き回った。そして「元気な田舎」のヒミツを探りあてた。

その彼の新刊が、『**美味《おい》しい田舎のつくりかた**』。山口県周防大島町の瀬戸内ジャムズガーデン、滋賀県東近江市の池田牧場など、全国各地の10事例が紹介されている。章のタイトルも「ジャム屋がよみがえらせた宝の島」「里山の牧場に行列ができる絶品ジェラート」などと、行ってみたい気をそそる。とおりいっぺんのルポではなく、何度も足を運んで現地のひととの関わりをつくりあげてきた蓄積が伝わる。

伝統野菜を発掘して創作料理につなげたのは、庄内のイタリアン、「アル・ケッチァーノ」の奥田政行シェフが有名だが、農業をやったことのない若いカップルが奈良県に就農して伝統野菜を発掘、それからレストランをつくってしまったのが三浦雅之・陽子夫妻の**『家族野菜を未来につなぐ』**だ。農場にレストラン「粟」を建設、評判がよくて奈良駅近くに支店を出した。奈良に名物なしと言われていたのに、リピーターの多い新名所になった。

地域づくり、村おこしには、外から来たマレビトと、元から地元にいるジモティとが遭遇して化学反応を起こす、とかねてから思ってきた。ジモティが見過ごしている価値を、マレビトが再発見してくれるからだ。これまで挙げた例は、モダンを一巡して迎えたポストモダンの新しい田舎の姿で、昔がよかった、という性格のものではない。

いくら健康によいと言われても、わたしは「正しい」食事より、おいしい食事のほうがよい。そして力のある野菜は、実際においしい。それをおいしく食べるのは非日常より日常。誘われていちばんうれしいのは、料亭やレストランより、家庭料理。料亭やレストランは食べ飽きた（と、言ってみたい？）が、手と心のこもったおうちめしは食べ飽きない。

おうちめしの古典中の古典は檀一雄**『檀流クッキング』**。手元にあるものをなんでもダイナミックに料理してしまう。ヨーロッパにいたときの、わたしのバイブルだった。檀家の息子、檀太郎さんには『**新・檀流クッキング**』が、嫁の晴子さんには『**わたしの檀流クッキング**』がある。檀流のDNAはしっかり受け継がれている。

おうちめしのマニフェストがジャーナリスト、佐々木俊尚さんの『**家めしこそ、最高のごちそうである。**』。ブログにあげたしろうとくさい写真が、かえって食い気をそそる。これならすぐにでもやってみようと思えるし、おいしそう、とよだれが出る。

食欲の秋。クッキングは男の教養、と言っておこう。というより、食べることは生きることの基本だし、それをていねいに味わうことは、だれであろうが、ないがしろにしてはならないことのひとつなのだ。そして何を食べるかだけでなく、だれと食べるかが重要であることは、言うまでもない。

食べることは文化

カウンセラーに相談ごとをすると、子ども時代はどうだったか、親との関係はどんなものか、を根掘り葉掘り聞かれることに辟易《へきえき》していた。こちらは現在の問題を解決したいと思っているのに、そんな昔のことを聞いてどうする？　おまけにこちらはれっきとしたおとな。自分の現在が、幼児期の体験に拘束されたままその呪縛から逃れていないとは思わないし、思いたくもない。にんげんはもっと複雑な成長のしかたをしてきているはずだ。

セクハラやＤＶにあったり、食べ吐きや自傷行為をする人の「原因」を、その行為や現象の外にある「心理」や「性格」に帰する見方を還元主義という。磯野真穂さんは『**なぜふつうに食べられないのか　拒食と過食の文化人類学**』のなかで、摂食障害の「原因」を、親子関係、とりわけ食べ吐きが「ジェンダーの病」と言われるほど思春期の女性に多いことから、母−娘関係に還元する見方を、「本質論」と呼ぶ。本質論では、摂食障害の「患者」は母子関係に「原因」を持っているのだから、その母子関係の問題を解決すれば、おのずと摂食障害という「症状」も解消する、という因果論の立場に立つ。だから今食べられなくて苦しい、食べ過ぎる自分を止められないと訴える「患者」に対して、あなたの親子関係は？　と迂遠《うえん》な問いを向けるのだ。

摂食障害についてはさまざまな本が書かれてきた。「摂食障害の心理学」「摂食障害の精神医学」「摂食障害の社会学」、そしてこの『拒食と過食の文化人類学』。屋上屋を架すような多様なアプローチのなかで、遅れてきた文化人類学はいったい何を解いてくれるのか？

磯野さんは本質論を「還元主義」として批判する。還元主義には、心理還元主義、生物還元主義、遺伝子還元主義、個人還元主義、家族還元主義などさまざまなものがある。いずれも「症状」の原因を症状の「よそに」求める見方だ。その説明が正しいか間違っているかは、実のところ検証することも反証することもできない。似たような家庭環境でも摂食障害を発症しない人たちがいるのだから、原因は特定できない。なのに、本人たちは「本質論」の説明に説得される。そこには専門家言説への適応やとりこみがあるのではないか？　と磯野はあやしむ。

文化人類学は、食行動を個人のものではなく社会的行動と見なす。つまり慣習化された集団的な行動様式である文化の一種と見なす。摂食障害で破壊されたのは食の文化なのだから、それを回復するには共同的な食の行動様式（これをフランスの社会学者ピエール・ブルデューにならって磯野はハビトゥスと呼ぶ）を社会関係のなかで回復していけばよい。その食の行動様式がどのように破壊されているかを知るために、磯野は5人の調査対象者に「何を、いつ、いかに食べるか？」について詳細にたずねる。考えてみれば、食の逸脱行動である摂食障害について、こんな具体性のあるデータを採集した研究はあっただろうか？　本質論は現象からそれてただちに原因へと向かうから、摂食障害を具体のレベルでとらえることがない。

アルコール依存症者は過去の人間関係について問われる必要がない。いまの断酒を仲間とともにあと1日、1週間、1カ月、そして1年……つづけることを念じ、それを一生涯つづけたら「回復」と呼ぶ。同じように、摂食障害の「回復」も「ふつうに食べる」という食文化の継続と維持のことだということはできないだろうか？

著者が言うように「ふつうに食べる」「ふつうに暮らす」ということは、高度で複雑な社会的行動なのである。

ホンネで語る男たちの生と性

実際の戦争を知らないのに戦争ごっこの好きな男の子みたいな現政権の危うさを見ていると、男の子ってなんでこうなっちゃうんだろう、と思ってしまう。各種の世論調査を見ても、憲法9条についても原発再稼働についても、男女差が大きい。DNAやホルモンで決まっているのでなければ、育ちが影響しているに違いない。

男の子って謎だ。その謎はご本人たちに解いてもらわなければ、というのが「男性学」だ。このところその種の本が立て続けに出た。

坂爪真吾さんの**『男子の貞操』**は副題どおり「僕らの性は、僕らが語る」もの。団塊ジュニアの著者が「中学生なみのオヤジのエロ」にさよならするために書いた、「僕らの性の安全保障」のための懇切丁寧なテキスト。「男子の・男子による・男子のための新しいセックス論」とあるが、新しいというよりも、人間関係の原点に立ち返った、これまでの男性性欲神話をうちやぶる、まっとうな啓蒙《けいもう》書だ。

男はさんざん猥談《わいだん》をしているのに、一人称単数形の主語では自分の下半身のホンネを語ってこなかったのではないか？　男が男の世界に受け容《い》れられるための定型的な語り方を「男語り」と呼んだのは、社会学者の加藤秀一さんだ。かえって女の方が、ウィメンズ・ロッカールーム・トークと呼ばれる、あからさまで率直な体験談を仲間うちでやってきた。それをドラマ化して衝撃を与えたのが、アメリカのＴＶドラマ「セックス・アンド・ザ・シティ」である。その男性版とも言えるのが、桃山商事を名のる３人の男子による『**二軍男子が恋バナはじめました。**』。モテない男子がなぜモテないのか、どこにつまずくのかを率直に語っていて、好感が持てる。「男語り」が性豪自慢になりがちなのに、ここでは男の子たちが弱音を吐き合っているからだ。

　ＡＶ監督の二村ヒトシさんには「あなたはなぜモテないのか」に答える『**すべてはモテるためである**』という名著があるが、最近ふたりの腐女子、岡田育さん、金田淳子さんと共著で『**オトコのカラダはキモチいい**』を出した。勃起で始まり射精で終わる男性の性は単純すぎる、オトコのセクシュアリティはまだまだ無自覚で開拓されていないのではないか、という問題意識からだ。

　こじらせているのは女子ばかりではない、男子も、と書かれたのが湯山玲子さんの『**男をこじらせる前に**』。副題に「男がリアルにツラい時代の処方箋」とある。長年男子を観察してきた湯山オネエサマの、辛辣《しんらつ》な観察と親切なアドバイスが満載である。

それにしても、ノンフィクションライター、奥田祥子さんの『**男性漂流**』を読むと、男たちもつらいよ、ということがひしひしと伝わってくる。中年の男性たちの「結婚がこわい」「育児がこわい」「仕事がこわい」「介護がこわい」等々を、長期にわたる忍耐強い取材から、ていねいに引き出している。

女だって結婚も介護も育児もこわいにはちがいないが、正直に弱音を吐くことができるのに対し（いや、最近になってようやく口に出せるようになったのだが、それだって女性たち自身の努力のおかげだった）、男がつらさを増幅させているのは、そのつらさを認めることができず、弱音を吐けないからだ。

奥田さんは自分の弱みを開示することで、相手からホンネを引き出した。もしかしたら、男のホンネは男には聞けないのかもしれない。

結婚てなんですか？

恋愛、結婚、セックスは、あいかわらず多くのひとびとの関心事でありつづけている。いまの日本でセックスを語らせたらこれ以上の人材はいない、というふたり、評論家の湯山玲子さんとＡＶ監督、二村ヒトシさんの現在進行形の対談がこれ。なにしろ、おふたりには実践が伴っているから、強い。

肉食系のふたりがセックスを語りまくった挙げ句、タイトルが『**日本人はもうセックスしなくなるのかもしれない**』とはまことに皮肉。「セックスはいいもんだ」というノリで始まるはずだった対談は、思ったより「きびしい」（二村）ものになり、結局、男が「勃《た》たなくなる時代」が来るんじゃない？　という予感で終わる。

男にとっても女にとっても「セックスはめんどくさい」がキーワードになった。男は「支配できない女」に恐怖し、女を自由にコントロールできるＡＶのなかのバーチュアルセックスにふける。

ＡＶが「侮辱の商品化」だという二村さんの説は卓見だ。侮辱と勃起がイコールになった男は、まともな女を相手にできないだろう。湯山さんは「たかがセックス」が人生にならなくても痛痒を感じないという「真実」に、日本人が至ったのだという。

あまり大きな声で言う人はいないが、おひとりさまが生きやすくなった理由のひとつに結婚とセックスとが分離したことがある。それまでは、結婚はセックスのライセンスだった。そしていったん契約したら、契約相手（配偶者と呼ばれる）以外との恋愛やセックスは、契約違反（不倫と呼ばれる）ということになっていた。アイドルやタレントが結婚したり、離婚したり、不倫したり……の内幕を知るのにわくわくする人は多い。しかも自分が契約順守をしているわけでもあるまいに、他人が不倫すると、ここぞとばかりに猛バッシングが起きる。

不倫ジャーナリズム界にこのひとあり、という亀山早苗さんの新刊『**人はなぜ不倫をするのか**』で取材を受けた。のっけから、「人はなぜ不倫しないのか、そのほうが不思議です」と答えた。「それ以前に、結婚するから不倫になる。人はなぜ、守れない約束をするのか、それが不思議です」と。

亀山さんが取材した竹内久美子、島田裕巳、宋美玄、福島哲夫などの専門家たちは、亀山さんのコトバによれば「興味深かったのは学者が誰ひとり不倫を否定しなかったことだ」。とすれば、わたしの説も学問の王道を行っていることになる（笑）。

結婚のもとに、愛と性と生殖の三位一体が成り立つロマンチック・ラブ・イデオロギーは、成立の初めからウルトラC級のトリックだったのだけれど、そのあいだがばらばらになってきて、不自然さがあらわになったのかもしれない。

とはいえ結婚願望も婚活も、いっこうになくならない。40代終わりシングルのミュージシャン、岡村靖幸さんが結婚願望まるだしにして、「結婚てなんですか？」と既婚・非婚・離婚の経験者を訪ね歩いた対談集が**『結婚への道』**。雑誌「ＧＩＮＺＡ」の長期連載が本になった。これがおもしろい。

なぜ恋愛するか、なぜセックスするか、なぜ不倫するかは問いになる。だが、なぜ結婚するかは、これまで問いになってこなかった。なぜなら「あたりまえ」だから。そこにつっこんだこの対談を読むと、結婚てアキレス腱だなあ、と感じる。対談相手30人以上の答えは肯定あり、否定あり、だが妙に歯切れが悪い。この対談集を読んで、あなたは結婚したくなるだろうか、それともしたくなくなるだろうか？

「育メン」がいなくなる時代

育児に「協力する」と言ったとたん、妻はキレル。あなたの子どもでしょ、当事者意識がない、と。「手伝う」もアウト。最近の若い父親たちは、地雷を踏まないように、口のきき方に気をつけなければならない。

工藤保則さんたち、男性の社会学者ばかり12人が集まって書いた共著が**『〈オトコの育児〉の社会学』**。男性の家族社会学者がしたり顔で育児について論じる本はこれまでもあったが、自分自身の「父になる」という経験を通じて育児を論じる研究書はこれが初めてだろう。各論文の冒頭に、そのつど何歳と何歳の何児の父、という自己紹介が載っているのも新鮮だ。こんなの、これまで見たことがない。ほほお、研究者といえども今どきは妻から育児を免除してもらえないのだな、と感じる。

業績主義の男たちにとっては、赤ん坊という自己チューで全面的に相手に合わせなければならない相手にふりまわされるのは、初めての経験だろう。「いいとこ取りの育児」とか「なぜイクメンが増えないか」という自己批判もある。とはいえ、なんだかなあ……。

「オトコ」とカタカナ表記するのも含めて、及び腰の姿勢が見えてしまうのはなぜだろう。女性の書いた育児書にくらべて切羽詰まった感がない。些細な経験を大げさに書いたり、性別を問わず誰が書いても同じ記述になるような章もある。こういうぬるさも、育児ビギナーに免じて大目に見てやらなければならないのだろうか。

大野祥子さんの**『「家族する」男性たち』**は心理学からのアプローチ。「家族は『家族する』ことで家族になる」は至言だ。仕事優先の業績主義は、男のアイデンティティに深く組みこまれている。「育児のために仕事を調整する」経験はすべての女性がしているのに、男たちはそうしない。

そこから脱却できた「仕事相対化群」の男たちには、過酷な職場からの離職や妻のキャリアアップのための進学などの「転機」がある。家族を大事にする男の満足度に「妻の稼得役割」への期待がからんでいると聞けば、社会学者ならただちに年収を変数に考える。

心理だけが説明要因ではない。男の生活充実感が自分の稼得への自己効力感から来ているとあれば、大野さんの研究は逆説的に、男が世帯を養うに十分な稼ぎを得ているあいだは、男が「家族する」ことに価値をシフトさせることはなさそうだという結論を導くことだろう。

プレジデント社の雑誌「プレジデントファミリー」から取材を受けた。企業幹部も「育メン」「育ボス」化しているのか、と思ったが、**『「育メン」現象の社会学』**の著者、石井クンツ昌子さんに、さる学会で「男性の育児参加が増えているのは、母親も父親なみに業績主義的な育児観を持つ方向にジェンダー差が縮小しているからではないか？」と質問したら、そのとおり、と答が返ってきた。知育に偏重した「オトコの子育て」は子どもには受難だろう。

とはいえ、大野さんも石井さんも、父親の育児参加は妻のストレスを低下させ、家族との関係をよくし、長期にわたって男性の幸福感を増すことを強調する。3冊がすべて同意しているのは、理想は「育メンがいなくなる時代」だということ。男の子育てがあたりまえになれば、「育メン」という名称もなくなる。父親でなければできない育児なんてない。父親も母親も、ケアという同じ行為をすること……それ以外の子育ては、ない。

極上のオバサン賛歌

伊藤比呂美さんは、結婚して出産して離婚して、再婚して、また出産して女のフルコースを経験している。そのうえ太平洋を越える親の遠距離介護をやり遂げ、両親を看取り、夫をも見送り、犬の世話をし、植物を繁茂させている。そのなかには不倫もあれば本人の拒食症に娘の摂食障害など、いやはやげっぷの出るほど濃厚な、デザートつきの人生である。熊本ゆかりのお方だから、読者はよくご存じだろう。

わたしがなんでこんなに比呂美さんの人生経験についてよく知っているかといえば、本人が自分の生活について洗いざらいしゃべっているからである。まことに詩人というのは、自分の人生しか売り物にすることのできない、因業《いんごう》な生きものである。

生老病死のすべてを経験した比呂美さんには、今やこわいものは何もない。九州ブロック紙の人生相談の回答者まで引き受けて、**『女の絶望』**といううめちゃめちゃおもしろい本を書いた。苦労という苦労を味わったから、たいがいのお悩みは卒業ずみである。こんなに濃厚なごった煮みたいな人生を経験した比呂美さんと比べると、戸籍のきれいな「おひとりさま」のわたしなど、とうてい太刀打ちできない気分がしてくる。

その比呂美さんがいよいよ上がり、おっと閉経を迎えるという。そっか、これだけはわたしが一歩先んじていた。閉経は女の上がり、からだもこころも変化する人生の転機。少し前までは「更年期障害」などと呼ばれていたが、なんの、障害なぞであるものか、こんなに新しくてわくわくする、しかも親業の卒業やら自分の親の看取りやら、配偶者との関係の仕切り直しやら、ありとあらゆる変化がいちどきにどっと押し寄せる時期はない。で、比呂美さんの奮闘記、戦記物にふさわしくその名も**『閉経記』**ときた。

もとは「婦人公論」に連載されていた「漢である」から。「漢」と書いて「おんな」と読ませる。最近は「侠気《きょうき》がある（通常「おとこぎ」と読まれる）」を「おんなぎがある」と読みたい、かっこいい女性が増えた。そう、人生のいかなる困難にも避けることなく立ち向かってきた比呂美さんの姿は、かっこいい。思えば女はだれでも、めんどうな育児や介護に、逃げ隠れせずに立ち向かってきたのではなかったか？　このなかには夫も親も娘も孫も犬も隣人も出てくる。だが何より同世代の女友だちが登場する。本の最後にこうある。

「あたしたちは満身創痍だ。昔からいっしょにやってきた女たちも、新しく知り合った女たちも、みんな血まみれの傷だらけ。子どもがいりゃ子どものことで、親がいりゃ親のことで、男がいりゃ男のことで、男がいなけりゃいないということで、ぼろぼろになって疲れはてて、それなのに朝が来れば、やおら立ち上がって仕事に出て行く。ふだんは自分が傷ついていることなんか気づいてもない」

「あたしたち」って、閉経を迎えて、体型が変わって、苦労を背負いこんで、図太くなって、ちょっとやそっとのことでは動じなくなったあたしたち、オバサンのことだ。極上のオバサン賛歌と呼びたい。

「女友達に声を届けたい一心で、あたしは書きつづけてきたような気がしておる」と比呂美さんは言う。「世界中に散らばっている。港港に女友達だ。まだ会ってない読者も、ひとりびとりがみんなあたしの女友達だ。声が、届きますように」。

……おお、比呂美ちゃん、あんたの声はたしかに届いたよっ、と言ってあげたい。

第6章

障・老・病・異の探求

「おひとりさま」の在宅死

このところ死の臨床の「常識」が大きく、そして急速に変化しているのを実感する。病院死から在宅死への変化だ。知る人ぞ知る、在宅医療の伝道師、中野一司医師の言い方を借りれば、「キュアからケアへ」のシフト、治す医療から見守る看護と介護への変化である。

中野さんには**『在宅医療が日本を変える』**という威勢のよいタイトルの本もある。治さない、というポリシーを徹底した本には、中村仁一医師の**『大往生したけりゃ医療とかかわるな』**という、これも刺激的なタイトルの本があって、よく売れているらしい。高齢者施設で長期にわたる実践がもとになっているから、説得力がある。

こうなったのも、超高齢社会のおかげ。超高齢社会の死は、予期できるゆっくり死。PPK（ぴんぴんころり）は突然死であり、変死の一種である。たとえ容体が急変しても、寝たきりになり、食べられなくなり、呼吸困難になり……息を引き取る、と死への道筋がわかっていればあわてずにすむ。

それなら病院でなく在宅で。新田國夫医師の『**安心して自宅で死ぬための5つの準備**』は、対話でわかりやすく「準備」を説いたもの。そういえばパイオニアとはどの業界にもいるもので、20年も前にすでに川越厚《こう》医師の『**家で死にたい**』という本もある。タイトルどおりの実践を東京の下町でやってきた。病院や施設で死にたい人はいない。在宅ホスピスのパイオニア、山崎章郎《ふみお》医師には『**病院で死ぬということ**』が、その続編には共著で『**病院で死ぬのはもったいない**』。川人明医師の『**自宅で死にたい**』も。

それならどこで死ぬか？　沖藤典子さんの『**それでもわが家から逝きたい**』は、利用者側からの希望を述べたもの。政府の審議会委員の経験を持つ沖藤さんは、豊富なデータをもとに、在宅死という選択肢を示す。

これまでは在宅死は世話をしてくれる同居家族あってのもの。おひとりさまにはハードルが高かった。沖藤さんの本にはひとりぐらし高齢者の在宅死の事例が出てくるが、それを前面にうちだしたものではない。そこに登場したのが中澤まゆみさんの『**おひとりさまでも最期まで在宅**』。いろいろなケースに応じて、医療・看護・介護資源がこんせつていねいに紹介してある。

同じ頃に同じように同じことを思いつく人たちがいるものだ、とこのところ時ならぬ

「在宅死」ブームを歓迎しているが、そのブームをつくりだしたい、と思ったのはほかならぬわたし自身。日本在宅ホスピス協会会長の小笠原文雄《ぶんゆう》医師と共著で『**上野千鶴子が聞く　小笠原先生、ひとりで家で死ねますか？**』というタイトルの新刊を出した。内容は題名のとおり。末期がんの痛みのコントロールから認知症の場合、おカネはいくらかかるかまで、ねほりはほり尋ねた。

ひとりで在宅死ができたら、家族がいてもいなくても、だれにでも在宅死は選択肢になる。在宅死を選べない、と思う理由の多くは「家族に迷惑をかけたくない」。それならいっそ同居家族がいないほうが、在宅死は選択しやすいかもしれない。名づけて「在宅ひとり死」。「孤独死」とは呼ばれたくない。厚生労働省はそちらのほうが社会保障費が抑制できると在宅死にシフトしたが、在宅死は何より本人の幸せのためなのである。

「おひとりさま」認知症になる

「現代思想」２０１４年3月号が「認知症新時代」を特集している。認知症であるとはどういうことか、認知症にわたしたちはどう対応すればよいか、が思想の課題になってきた、ということだろう。

『認知症の「真実」』がベストセラーになった東田勉さんは、認知症を「薬でつくられた病気」という。医療が予防もできず治療もできない加齢現象の一種なら、「ぼけ」と呼ぶほうがよいと、今でも確信的に「ぼけ老人」を使いつづける人たちもいる。

情報処理能力の低下とコミュニケーションの障害という「この二点をうまく回避・解決できれば、本人に落ち着いてもらうこともできるし、周りの人ともうまく噛《か》み合うようになる」と東田さんはいう。そして「落ち着かせ方の上手な介護現場があることを、私はこれまでの取材で知っています」。

そのとおり、後藤榮子さんの**『認知症預かり介護所「めだかの学校」の物語』**や宮崎和加子さん・日沼文江さんの**『生き返る痴呆老人　グループホーム「福さん家」での暮ら**

しと実践』は有名だし、関西で「つどい場さくらちゃん」を営む丸尾多重子さんと在宅医療を実践する長尾和宏医師の共著『**ばあちゃん、介護施設を間違えたらもっとボケるで！**』は、タイトルどおりのぶっとび対談だ。

ヘルパー指名制ＯＫというユニークな訪問介護事業所を経営している柳本文貴さんの『**認知症「ゆる介護」のすすめ**』は、ご本人のゆるキャラがよく出ていて、この人にならまかせられるという感じが伝わってくる。

「現代思想」のこの号には、設立35周年を迎えた「認知症の人と家族の会」の代表高見国生さんへの、社会学者天田城介さんのインタビューが載っており、そのまま認知症35年史の証言になっている。天田さんは「認知症市場」は右肩上がりの成長を遂げてきたというが、そのせいでやっかいなことが起きたのは、精神科医療と製薬会社の介入だ。

東田さんは認知症になることを怖《おそ》れるよりも、「認知症になってもよい国を目指すべきではないでしょうか」という。まったく同感だ。団塊世代が後期高齢者になる２０２５年には「認知症７００万人時代」が来ると国家戦略をうちだした「新オレンジプラン」は「毒入りケーキ」だと、医療ジャーナリストの大熊由紀子さんはいう。「毒みかん」と呼ぶひともいる。かつて「寝たきり」ではない「寝かせきり」だと告発した大熊さんは、いまでは認知症が精神科医療の新しいマーケットになることに警鐘を鳴らさなければならなくなった。

最近の動きは、認知症当事者の発言が届くようになったこと。**『認知症になった私が伝えたいこと』**の著者、佐藤雅彦さんは周囲の助けを得ながら、穏やかにひとりぐらしをしている。この本には認知症でも独居で過ごすためのさまざまな知恵と工夫があふれている。

え、認知症で独居ですって？　と驚く向きには、認知症ケアで有名な島根県出雲市の「小山《おやま》のおうち」の代表、高橋幸男医師の**『認知症はこわくない』**を。高橋医師の経験では、独居の認知症者は同居家族のいる認知症者よりも、穏やかに過ごしているケースが多いそうだ。

ご本人の自尊心が傷つけられたり、相手から否定されたり、ないがしろにされたりしたときに、怒りや反発から暴言・暴力・妄想などの問題行動が起きる。家族は認知症者にとって、することなすこと叱咤《しった》したり、叱責したりする存在で、家にいることがくつろぎにならない。な〜るほど、と膝を打った。これなら認知症になっても最期までおひとりさまの在宅で、といけるかも。

認知症を描く「介護文学」の金字塔

1972年有吉佐和子作『**恍惚の人**』、1995年佐江衆一作『**黄落**』、そして2016年久坂部羊作『**老乱**』。久坂部さんの本書は、まちがいなくわが国「老人介護文学」の里程標のひとつになるだろう。

恋愛も失恋も結婚も離婚も文学の主題になるのに、介護がならないわけがない、と久しく思ってきた。人間の生き死ににかかわる切実な経験だからだ。だから「老人介護文学の誕生」(『**上野千鶴子が文学を社会学する**』2003年、朝日新聞社に所収)を書いた。米村みゆき『**〝介護小説〟の風景　高齢社会と文学**』という評論もある。本書が出たら、また「老人介護文学その後」を論じなければならない。

介護のなかでももっともハードルが高いのは、認知症ケア。『恍惚の人』にも、『黄落』にも、認知症の高齢者が出てくる。『恍惚の人』は、日本中の読者を認知症(当時は「痴呆」と呼ばれていた)への恐怖で震え上がらせた。『恍惚の人』の視点人物は嫁。『黄落』は息子であり夫。

『老乱』の新しさは、視点人物が息子夫婦と認知症高齢者本人と、交互に入れ替わることだ。しかも認知症のなかでも、レビー小体型と言われる幻覚妄想をともなうやっかいな事例を扱っている。本人の一人称で書かれた認知症者自身の経験の記述は、リアルに迫ってくる。しだいに失われていく認知能力、免許証をとりあげられ、病院に入れられ、拘束され、おむつをつけられ、見えないはずのものが見える……経験がどんなものか、作家の筆力がわたしたちに伝えてくれる。

最近、認知症当事者による発言が増えてきたが、本書で読者は、認知症者本人の内面に立ち入った世界の見え方を体感することができる。そこがまったく新しい。これまで谷崎潤一郎の**『瘋癲老人日記』**など老人文学はあったが、「瘋癲」と名乗っても主人公の気はたしか。介護を受ける側、とりわけ認知症高齢者がどんな経験をするかを内側から描いたのは、これが初めてだろう。介護文学はあったが、要介護文学の誕生だ。

作者の久坂部さんは300人を越す認知症患者を診てきた在宅医療の医師。無念さ、ふがいなさ、くやしさ、やるせなさ……認知症者のリアルによりそってきた医師なのだろう。時に爆発する怒り（「問題行動」や「周辺症状」と呼ばれる）には、いちいち本人なりの理由があることがよくわかる。

おもしろいのは、36節に分けられた小節のそれぞれ冒頭に、新聞記事やエッセイからのリアルタイムの引用が掲げられていることだ。そのなかにわたしの引用もあってびっくり。冒頭には名古屋で鉄道事故を起こした認知症者遺族に、JRが損害賠償を求めた事件の報道が登場する。のっけから肝が冷え、ショックの連続だ。

作者は安易な解決を与えない。とはいえ、そこは小説だからか、最後はハッピーエンドになっている。でないとつらくて読めないかもしれない。

在宅介護を支えるのは、「若い頃、お義父さんには助けてもらった」という息子夫婦の記憶だ。因果はめぐる……憎まれ者は家族に介護してもらえないという教訓も、本書からは引きだしておこう。

「コミュニケーション保障」が重要

ことばと人間についてふかく考えさせられる本をいくつか、続けて読んだ。

筋萎縮性側索硬化症（ＡＬＳ）患者のたかおまゆみさんの『**わたしは目で話します**』。筋肉がしだいに麻痺《まひ》して動かなくなるという進行性のこわい病気だ。呼吸器をつけて声を失ったが、ベッドに寝たきりでも、文字ボードを使って話ができる。「通訳」と目と目を合わせて文字を拾う、というやりかただ。それで彼女は、本を1冊書いてしまった。

49歳で発症するまで、たかおさんはドイツ語通訳と盲聾《もうろう》児教育の経験がある。いわばコミュニケーションのプロだった。見えない、聞こえない子どもにことばを教えるということ……。ヘレン・ケラーがｗａｔｅｒ！と叫んだとき、彼女の世界にいっきょに光が差しこんだように、たかおさんは「言葉が人間を人間にする」という。そういえば、盲聾の多重障害を持つ初の東大教授、福島智さんは、指点字というまったくユニークなコミュニケーションの方法を、子ども時代にお母さんと考え出した。その感動的ないきさつは、母、福島令子さんの『**さとし　わかるか**』に描かれている。福島さん自身の『**盲ろう者として**

生きて』という著書もある。

障害のあるひとにさまざまな支援が提供されているが、ただ食べて寝てという生存保障だけでは十分ではない。人間は他者との「あいだ」に生きている。それならひととひとをつなぐ「コミュニケーション保障」は不可欠ではないか。最近ようやく定着してきたメディアやイベントにおける情報保障や、緊急時の伝達保障にとどまらない。それは、自分が自分であるための、たかおさんのことばを借りれば「人間が人間である」ための必須の条件だからだ。

立命館大の上野ゼミに参加している天畠大輔《てんばただいすけ》さんは、障害者の「コミュニケーション保障」を研究テーマとしている。医療事故で視力と発声を失った彼は、「通訳」の50音読み上げに体の動きで答える「あ・か・さ・た・な」話法で話す。

そうやって書いた本が『**声に出せないあ・か・さ・た・な**』だ。「世界にたった一つのコミュニケーション」とある。彼は今、このテーマで博士論文に取り組もうとしている。

障害者には生存欲求、コミュニケーション欲求、それに成長欲求がある、そのニーズを満たすコミュニケーション保障が必要だという主張である。障害者でなくても、だれにでもこの三つの欲求はある。

介護職の六車由美さんの『**驚きの介護民俗学**』は、たとえ認知症高齢者であっても、言語は世界を築くための強固なツールなのだ、と説く。だから認知症者のことばをきちんと聞く、ということが大事になる。

『**発達障害当事者研究**』の著者、綾屋紗月さんは、アスペルガー症候群の子どもが「コミュニケーション障害」だからそれを治療しなくては、と言われるのを「コミュニケーションがうまくいかないとしたら、それは両方のせい、なぜってコミュニケーションは『あいだ』に成り立つものだから。一方だけが責められる理由はない」と言う。もっともな言い分だと思う。

相手の言葉にきちんと向き合うこと。自分のことばが他者に聞かれること。それは障害者にも、高齢者にも、子どもにも、女にも、必要なことだ。なぜならこれらのひとびとは、声を出せず、出しても聞き届けられず、ことばを発してもとりあってもらえず、つまり「人間」であることを否定されてきたのだから。

生きるための切実なアート

アウトサイダー・アートとかアール・ブリュットと呼ばれているジャンルがある。専門的なアート教育を受けたことのないひとたちが描いた、既存の芸術の枠に収まらない独自の芸術作品を呼ぶ。

そのなかには専門のアーティストも顔負けの「巨匠」の作品もあれば、アマチュアらしい素朴な作品もある。アンリ・ルソーや山下清などが有名だろう。なかでも障害やトラウマを持ったひとたちが、自分自身のために描いた作品が、サバイバー・アートと呼ばれる。サバイバーが描いたアートでもあるし、サバイバル（生きのびる）のための切実な必要から描かれたアートでもある。

そういう作品群があることを知ってはいたが、ついに研究書が登場した。荒井裕樹さんの『**生きていく絵**』と、藤澤三佳さんの『**生きづらさの自己表現**』の2冊が刊行された。

荒井さんは「障害と文学」を研究テーマにする文学研究者。これまでにもハンセン病者の文学を論じてきた。荒井さんの問いは「自己表現せずにはいられない」だけでなく、

「この苦しみをだれかに伝えなければ生きていられない」と感じたひとにとって、「自己表現はひとを〈癒やす〉ことができるか?」というもの。そういう問いをかかえて、東京都郊外にあった平川病院という精神科病院で、安彦講平さんが指導する造形教室の実践に迫る。

精神障害者のアートセラピーについては、最相葉月さんの『**セラピスト**』に箱庭療法や描画テストが出てくるが、この造形教室の実践は、たんなる治療や診断の手段ではない。荒井さんの書名どおり「生きていく」ためになくてはならない自己表現であり、藤澤さんの本の帯にも「表現することで生きていく」とある。

藤澤さんは社会学者。「生きづらさと自己アイデンティティ」という社会学的な主題を、『表現できなければ死んでいた』と当事者が語る切迫した領域」のアート表現に追求したものだ。美術作品だけでなく、映像やセルフ・ドキュメンタリーをも視野に収めて論じた本書には、出るべきものが出た、という感慨を覚える。研究に値するだけの蓄積が、すでに生まれているからだ。障害文化論という専門領域があるようだが、そこに閉じ込めておくのはもったいない。

この種のアートにはプロもアマもいる。だが、作品が当事者にもたらす意味と、それからわたしたちが受ける感動に違いはないだろう。

摂食障害の経験者、木村千穂さんは、『**中庭の少女**』で、自分の身代わりに血を流す少女を描く。草間彌生さんは、幻覚を執拗《しつよう》に反復して描くことで、おそらく死なずにすんだ。アーティストにならなければテロリストになっていた、と語ったのはニキ・ド・サンファル。アートで「痛みの伝染」というテロリズムを、超絶技巧の審美的な手法でやってのけてしまったのが、わたしが「自傷系アート」と呼ぶ日本画家の松井冬子さんだ。

自己表現が技巧を超えていくこともあるし、技巧が自己表現を解き放つこともある。両者の希有《けう》な出合いをわたしたちは堪能することもできる。

京都に「天才アートミュージアム」という展覧会がある。ＮＰＯ障碍《しょうがい》者芸術推進研究機構（代表・松谷昌順）が主催している。他のだれでもない、自分にしか描けない自己表現をしたとき、ひとはだれでも「天才」だ、と宣言する、野放図な自己肯定が気持ちよい。苦境にあってアートなど、という声があるが、苦境にあるときにこそアートが切実に必要とされる、と言ってもよいだろう。

元「少年A」の自画像

20年前、「酒鬼薔薇聖斗」の名で書かれた文章の、14歳という年齢に似合わない言語能力の高さに驚嘆した。

30歳を超えて書かれた元「少年A」の言語表現に、ふたたび感嘆した。**『絶歌』**。遺族の同意を得ていない、と批判された。犯罪者が印税で金儲けをしてよいのかと責められた。出版社の商業主義が非難を受けた。実名で出さないことが譴責《けんせき》された。だが、遺族に事前同意を求めていれば出版に至らなかっただろう。犯罪者が著書を出すことは、永山則夫の**『無知の涙』**を初めとして多くの例がある。これまでそれが責められることはなかったのに、本書だけが責められる理由はない。実名で出せば、どんな運命が彼を待っているか、現代の日本では想像に難くない。「正義の味方」よろしく実名出版を唱えている人たちは、それが本人にもたらすであろう苛酷な結果に責任がとれるのか？

これを書かなければ生きていけない、と思い詰めた元「少年A」から、生きるために、生き延びるために、表現の機会を奪ってはならない。ふたつの生命が奪われ、いまそれを奪ったひとつの生命が必死で生きようとしているときに、そのひとつの生命の可能性を奪うわけにいかない……そう思って、読んだ。

14歳。稚い万能感と自己愛で武装した自我の胞《えな》を破って、ようやく世界の未知に触れあう、傷つきやすい過渡期。世界から拒まれているという憎悪から全世界を敵にまわすほどの暴力的なエネルギーに満ちた危機的な年齢でもあることを、おとなになった者たちは、もう忘れたのだろうか。

本書には書かれていないことがたくさんある。粉飾も自己愛もある。つくり話めいたところもある。ある書評は「ナルシシズムが鼻につく」という。別な書評は「こんな未熟なものを出すより、3年くらいかけて書き換えたほうがよい」ともいう。

だが、三島由紀夫と村上春樹を耽読し、書物を読みあさって独学したという、反時代的といえるほど精緻で技巧的な文体で書かれた本書は、元「少年A」の現在の「自画像」だ。そしてこのように文章で彫琢《ちょうたく》するほかに、彼は自分が何者であるかを確かめるすべがなかった。

人には忘れたい過去がある。忘れたくても忘れられないトラウマ的体験もある。そして他人には告げることのできないスティグマ的体験もある。戦場体験、「慰安婦」、性暴力被害、震災体験。だが、元「少年A」の場合は、忘れることを禁じられた経験だ。にもかかわらず、決して口にしてはならない経験だ。語りあう仲間さえいない孤絶した経験だ。その経験を自分の生のなかに統合しないでは生きていけない。ナラティブ（語り）の社会学は、それをくりかえし教えてきた。彼は言う。「自分の内側に、自分の居場所を、自分の言葉で築き上げる以外に、もう僕には生きる術がなかった」。

たとえどんなに未熟でも、これが彼の現在の「中間レポート」である。自分史は何度でも上書きされる。決定版は存在しない。元「少年A」は何度でも「自画像」を書き換えたらよい。書き続けて生きればよい、ことばだけが、彼を他者へと拓き、社会へと生きさせる通路なのだから。元「少年A」に本書を出した責任があるとすれば、沈黙することではなく、書き続け、生き続けることだ。その彼から、ことばを奪ってはならない。

村上龍が『**13歳のハローワーク**』で書いたことばを、覚えている。「作家」という項目に彼はこう書いたのだ。「最後の職業。死刑囚でもなれる」。

「当事者研究」ブーム

当事者研究がブームである。

「当事者研究」の名を世に知らしめた『**べてるの家の「当事者研究」**』（浦河べてるの家著）が出てから8年後に、とうとう『**「当事者研究」の研究**』という書物が出るに至った。石原孝二さんたち、東京大学の哲学者や倫理学者たちが乗りだして、「当事者研究とはいったい何か？」という研究プロジェクトを組んだ。その成果に、当事者による当事者研究が加わったもの。

いや、この言い方はとてもヘンだ。当事者研究とは当事者によるもの。専門家から研究をうばいかえすためのものだったはずだ。それが蓄積されてきて、当事者研究の名においていったい何が行われているかに関心を持った研究者たちが、当事者研究のメタ研究に乗りだしたというところだろうか。

当事者研究とは「当事者」＋「研究」の合成語。当事者とは「問題を抱えたひと」のこと。研究とは実証的科学的な知見。問題を抱えた人が、自分で自分の問題を「研究」したとたん、これまではそれは「研究」にならない、と言われてきた。なぜなら客観的でも中立的でもないから、と。問題を抱えた人は、その問題を処理できないほど、無力で受動的な存在だと考えられてきた。それが、当事者は自分の問題の「専門家」である、という考え方が登場し、それに専門家が耳を傾けるようになったのだ。

そのなかには、「浦河べてるの家」のように統合失調症の患者さんもいれば、発達障害の当事者もいる（綾屋紗月、熊谷晋一郎『**発達障害当事者研究**』）。脳性麻痺《まひ》の当事者もいれば（熊谷晋一郎『**リハビリの夜**』）、薬物中毒の当事者もいる（上岡陽江、大嶋栄子『**その後の不自由**』）。障害者たちのつくりだした障害学もあるし、不登校の経験者の語りもある。さらにはアルツハイマーの患者さんの発言もある。

このところ次々に登場した書物の数を見ると、時ならぬブームの感をふかくする。同じ出版社に偏っていると感じるひともいると思うが、さよう、当事者研究ブームには仕掛け人がいる。どんなメッセージも、ないところからそれをどう生み出すか、そしてどんなパッケージで読者に届けるか、というなかだちをする役回りがある。医学書院の編集者、白石正明さんがその名伯楽である。

当事者研究には従来の学問にある「だれに研究の資格があるか」という問いと、「何が研究の主題として適切か」という問い、「研究とはどのようにして行うか」という方法についての問いに対する挑戦がある。

副田《そえだ》義也編の『**闘争性の福祉社会学**』に収録したわたしの論文「『当事者』研究から『当事者研究』へ」はこの問いに答えたものだ。80歳を超えた編者、副田さんの、福祉を「闘争の場」ととらえる視点が若々しい。

当事者研究は、学問のメニューに新しい主体と主題をつけ加えただけになるのか？　それとも、これまでの学問のあり方そのものをゆるがす挑戦になるのか？　はたまた学問のなかのちょっとしたスパイスとして、そんなこともあったっけ、とひとつのエピソードに回収されてしまうのだろうか。

自分たちのやっていることを「研究」と呼んだとたんに、学知の再生産の制度化をめぐる、ありとあらゆるお約束ごとがおしよせてくる。「ミイラ取りがミイラになる」先例はこれまでにもある。「科学的な知」とは知のなかでも特殊な知の一種にすぎないのに、それはおそろしく大きな抵抗勢力として立ちはだかるだろう。

当事者研究はよちよち歩きを始めたばかりだ。その成長を見守りたい。

弱さ受容する自殺稀少地域

障害者雇用法で示された障害者雇用枠の達成率が高く、そのなかでも精神障害者の伸び率が高いという。精神障害へのスティグマ（社会的烙印）が相対的に低下しただけでなく、昨今のブラック企業化で追いつめられたひとたちがメンタルを病むケースが増えたのだろう。

どういう条件があるとひとは自殺するのか、についての研究はあるが、どういう条件があるとひとは自殺しないですむか、についての研究は少ない。この問いに画期的な答を与えたのが、岡檀《まゆみ》さんの**『生き心地の良い町』**だ。全国でも突出して自殺率の低い地域を対象に、その謎を解き明かそうとした疫学的研究である。新刊ではないが、今やこの分野における古典ともいえる著作。

その「自殺稀少地域」の特徴はというと、もともと移住者の多い地域であること、いろんなひとがいて、つながりがゆるく、集団同調性が低く、好奇心は強いが飽きっぽい……などの発見を疫学的エビデンスとこくめいなフィールドワークから明らかにしていく。

同じ地域に関心を持って訪れた精神科医によるルポルタージュが、森川すいめいさんの『**その島のひとたちは、ひとの話をきかない**』だ。岡さんの緻密な研究に比べると、いきあたりばったりに見えるこの探訪記は、紀行文のようでも旅日記のようでもあり、いささかぬるいが、このぬるさがもし精神科臨床の場で発揮されるとしたら、患者にとってはかかってみたい医者のひとりに思えるだろう。

タイトルの「ひとの話をきかない」は誤解を招きそうだが、岡さんのいう「KYな（空気を読めない）ひとびと」に通じる。だが、「ひとの話をきかないひとびと」は、返事を待たずに困った相手に手をさしのべる助け合いのネットワークのなかにいることが、ただのKYとは違う。

岡さんの本にある「弱音を吐かせるリスク管理術」は、北海道にある精神障害者たちの活動拠点、「べてるの家」の「弱さの情報公開」に通じるものがあるし、「言葉でなく態度で示す」ことで「弱音を吐いてもよい」人間関係をつくってきたことがわかる。事実、ヨソモノの森川さんに、「困ってるんやろ、なら」と求めもしない助けが次々とあらわれる現場レポートは感動的だ。しかもできることしかしない、というわきまえや控えめさも、この「態度」には含まれている。

精神科医療の世界で2016年最大の事件といえば、フィンランドの精神科医、セイックラさんの来日にともなって開催され、多くの専門職の注目を集めたワークショップだろうか。そのセイックラさんの共著、**『オープンダイアローグ』**が翻訳された。日本では訳書に先立って、斎藤環さんを通じて**『オープンダイアローグとは何か』**が紹介された。わたしは書評に「言語への深い理解にもとづいた驚くほど平明な実践知」「秘技もなければ秘教もない」と書いた。

斎藤さんという熱心な仲介者を得たことは彼らにとっては幸運だが、逆に仲介者抜きにテキストを読むことで知り得たこともある。1対1の精神科臨床には「モノローグ」の権力が発生するのに対し、多職種による介入から生まれる、解のない「オープンダイアローグ」は、臨床の場を多様で民主的な平場のネットワークへと変える。だからこそ帯にある〈あなたは「専門性」という鎧を脱ぎすてられますか?〉という支援職への問いは、つき刺さるのだ。

支援職という「おせっかいな他者」にとっては、岡さんの研究したコミュニティとの符合に、腑に落ちることがたくさんあるだろう。

目からウロコのオープンダイアローグ

かねてより自助グループのコミュニケーション作法である「言いっぱなし聞きっぱなし」に疑問を持っていた。言葉というのは、何より伝わることを求める。そして必ず相手からの応答を求めるものだと思っていたからだ。

ラカンに俟《ま》つまでもなく、言葉とはつねにすでに他者のものだから。他者に属する言語を用いたとたん、どんなひとでもいやおうなく社会的存在になる。急性期発作のさなかにあって叫んだりわめいたりするほかなかった統合失調症の患者ですら、後になってそのときの経験を言語化することを通じて、理解を求め、応答を求める、社会的な存在として自らを差し出すことになる。

構造言語学が前世紀にわたしたちに教えてくれたのはそのことだ。そして構造言語学に最も深く影響を受けた精神科医であるラカンの、日本における最良の理解者である斎藤環が、オープンダイアローグの紹介者となって著したのが、**『オープンダイアローグとは何か』**である。

もちろん「言いっぱなし聞きっぱなし」という、コミュニケーションともいえない「モノローグ」のようなコミュニケーション作法が定着したのは、自助グループに属する当事者たちがそれほど他者の反応におびえ、傷ついてきたからだとも言えよう。なら安全な聞き手の集団なら応答があって当然ではないだろうか。だから「ダイアローグ」なのである。

急性期の精神症状を示す患者と家族のもとへ、複数の支援者が直ちに出向く。必要なかぎり、何度でも、毎日でも出向く。そして患者と家族とともに、何が問題かを徹底的に語り合う。たったこれだけのことで精神症状が治まる……ウソのようなマコトだが、ここには何の謎も、特別の秘技もない。条件はオープンダイアローグ、すなわち①ダイアローグであること、②ポリフォニーであること、この2つである。

解のない状況に対して、ノイズを含む複数の応答が提示される。支援者も家族も本人も対等である。支援者のあいだで本人についてメタダイアローグが行われることもあるが、それも本人の目の前で行われる。自分が他人にどう見えるか、自己相対化のよい機会だろう。

本人のいない場で意思決定がされることはない。安心できる聞き手の範囲は最初はコントロールされているが、この幅が広がっていけば、当事者はやがて予期せぬ敵対的なノイズにも対応ができるようになっていくだろう。

このフィンランド生まれの統合失調症治療法は、おどろくほど平明で、秘教的なところは何もない。この技法をコミュニティ・アプローチと呼ぶのは理にかなっている。自我の危機を迎えた患者を言語コミュニティへと招き入れ、そこにしっかりとつなぎとめる。言語とは自我の檻でもあり、繋留点《けいりゅう》でもある。だが同時に、それは終わりのないオープンエンドのプロセスなのだ。ハーバーマスの熟議民主主義をここで想起してもよい。

精神療法の理論家であるより、治療者であろうとする斎藤が惚れこんだ実践知。解説も周到でわかりやすい。

生まれてくる命の選択

シモーヌ・ド・ボーヴォワールが妊娠を「牝《めす》の屈辱」と呼び、ラディカル・フェミニストのシュラミス・ファイアストーンが「人工子宮」を夢見てからおよそ半世紀。今や生殖技術はSFでも夢でもなくなった。もしかしたら悪夢かもしれないが。

柘植《つげ》あづみさんの『**生殖技術**』を読むと、痛感する。いまや他人の精子や卵子、子宮まで使って「自分の子ども」を製造することができるようになった。グローバルな生殖ビジネスまで成立している。

そこへ出生前診断のハードルが下がった。新型出生前診断、別名無侵襲的出生前遺伝学的検査のこと。フランスは妊婦に出生前診断を制度化していることを知った。その結果障害があることがわかった胎児の9割が、誕生前に中絶されているという。生まれる前の子どもの品質管理という、臆面もない優生政策が行われているのだ。

わたしたちの知らないあいだに、いのちの選別が着々とすすんでいる……それを現場からリポートしたのが、NHKのプロデューサー、坂井律子さんの『**いのちを選ぶ社会**』だ。

坂井さんには１９９９年に『**ルポルタージュ出生前診断　生命誕生の現場に何が起きているのか？**』があるが、この10年あまりの間に、出生前診断は深く静かに浸透し、だれにでも容易にアクセス可能なものになっていた。

いま注目を集めている出生前診断について、香山リカさんも『**新型出生前診断と「命の選択」**』を書いている。インフォームド・コンセントとは情報を知ったうえで、「選ぶのはあなた」と香山さんは言う。だが、そう言われても……と当事者は困惑するだろう。

イタリアの作家、シモーナ・スパラコさんの『**誰も知らないわたしたちのこと**』は、胎児に障害があることがわかって、中絶を選んだ女性が主人公だ。選ぶ前も選んだ後も、女主人公は混乱し、懊悩《おうのう》し、のたうちまわる。彼女は決して自分を許さないし、これからの人生でだって決してこのできごとを忘れないだろう。夫と妻の態度の違いも対照的だ。スパラコさんは来日して、イタリア文化会館で「生まれてこなかったあなたへ」というテーマで講演した。

胎児の遺伝子異常でもっともわかりやすいのが、21トリソミーと呼ばれるダウン症の有無である。だが、生まれてくるダウン症の子どもたちは、ほかの子どもと育て方がちょっと違うだけで、少しの手助けがあれば生きていける子どもたちだ。

坂井さんは、ダウン症の子どもを持った親たちの反応を紹介している。親たちの99％はこの子を愛し、生まれてきてよかったと感じている。ダウン症当事者の岩元綾さんが言うように、「生まれてこなくてよかったいのちなど、ない」。

もう1冊、だれも紹介してくれないなら、と自分たちで緊急出版してしまったのが、すぺーすアライズ翻訳・発行のＷＨＯ編『**安全な中絶　医療保健システムのための技術及び政策の手引き**』。それによると世界的により安全な吸引法が普及しているのに、日本の中絶手術は旧式の危険の多い掻爬《そうは》法が主流なのだとか。まるで中絶手術を受ける女へのペナルティみたいだ。

どんなに生殖技術が発達したとしても、産むことも産まないことも、女にはつねに悩ましい。知る権利だけでなく、知らない権利もある。生まれてくるときや生まれ方は選べない。それならどんないのちであれ、生まれてきたいのちをうけとめることに、わたしたちはもう少し謙虚であることはできないだろうか。

ＡＬＳ患者が安心して生きられるニッポン？

「ＡＬＳ（筋萎縮性側索硬化症）患者が呼吸器をつけて生きていられるのは日本くらいのもの」「日本には世界中の患者から羨望のまなざしを注がれる最強のＡＬＳ患者がいる」「日本の難病患者は低い税の割に高福祉を受けている。しかも京都は独居のＡＬＳ患者が24時間他人介護で暮らす日本の先進地域！

本書には常識をくつがえす発言が次々に爆弾のように飛び出す。そうなの、わたしたちはそんなによい社会に住んでたの、と再認識するが、それは自動的に与えられたものではない。ＡＬＳ患者たちが「人の世の正義を信じて、未来と契約するつもりで、一か八かで天空に踏み出した」歩みに、橋を架けた支援者たちがいたからこそ。

著者の川口有美子さんは、ＡＬＳ患者の母を12年間にわたって在宅介護した経験を綴った**『逝かない身体』**で大宅壮一ノンフィクション賞を受賞した患者家族であり、「さくら会」という介護事業所の創設者。応えない母の身体を「蘭の花」のように守って送った。ＡＬＳ患者が最後まで生きたいと願っていることを、確信しているからだ。

その著者の2冊目が『**末期を超えて　ALSとすべての難病にかかわる人たちへ**』。患者の経験、支援者、難病、尊厳死などをめぐって異分野の論者たち、当事者の橋本みさお、難病患者の大野更沙、編集者の佐渡島庸平、医師、看護師などと縦横無尽に語りあう。そのなかには京都新聞の記者、岡本晃明がいる。京都をALS患者の独居モデル地域に仕立てあげた仕掛け人のひとりだ。

対話は思索の過程。その手の内をさらすことで著者はALSがどのように現代の生き死ににかかわるかをダイナミックに示すが、本書でいちばん心に残るのは物故した当事者、長岡紘司を描いた文章だ。「後続の者へ。未来の終末期患者へ。この伝道には明らかな意味がある。これは長岡の遺言である」として引用されるのは次の文章である。

「生きなさい　そして　周りの者達を正しなさい。……如何に辛くとも治ることを信じて生きなさい。生きよ。生きよ」と。

前著でも示された緊張感の高い詩的な文章を、通しで読みたい。本書がそのためのステップであると期待しよう。

解釈よりも豊かな現実

ひさしぶりに、読み終わるのが惜しいような本に出合った。しごとで本を読むわたしには、読書の快楽というものがめったにない。それを思い出させてくれるのが**『断片的なものの社会学』**だ。

著者の岸政彦は社会学者だが、そしてタイトルに「社会学」とうたっているが、ここには分析も解釈もない。反対に「解釈できない、分析できない」もののコレクションがある。著者自身が「とらえどころもなく、はっきりした答えもない、あやふやな本」と言うが、現実とはそんなものではないだろうか。わからないものに直面して、理解や解釈にとびつきがちなわたしたち、とりわけ明晰判明であることをよしとしてきたわたし自身の前のめりの肩を、そっと押しとどめてくれる。現実は「解釈されることがら」よりも、もっと豊かであることに、あらためて気づかせてくれる。

このひとはネットサーフィンで、ＤＶ妻の壮絶な暮らしぶりを断片的に描いたブログや、ホストにはまった風俗嬢の携帯ブログをフォローする。「だれにも隠されていないが、だれの目にも触れない」世界だ。その「徹底的に世俗的で、徹底的に孤独で、徹底的に膨大なこのすばらしい語りたちの美しさ」は、「一つひとつの語りが無意味であることによって可能になっている」という。

このひとはふだんひとが経験しない不可解な現実や人生にしばしば遭遇するが、それはその世界を見いだそうとする者の目のまえにだけ、そうした現実はすがたを表すからだろう。

たとえばこうだ。

「ある地方議会で、男性議員からの、女性議員に対するとても深刻なセクハラヤジ」があったとき、「ヤジを飛ばされているちょうどそのとき、その女性議員がかすかに笑った……。あの笑いはいったい何だろうと考えている」

そしてこの本を読むわたしは、こんな微細なことに気がつくこの著者は、いったい何者だろう、と考えている。

このひとは職業的な研究者で、しかも他人の人生を聞き取るインタビューをしごとにしている。「お生まれは?」から始まって何時間も。しかも被差別部落や沖縄など、きびしい体験をしてきた人たちが相手だ。そして相手からことばを受け取る。

「言葉というものは、単なる道具ではなく、切れば血が出る。そうした言葉を『受け取ってしまった』人びとも、もはや他人ではない。人の語りを聞くということは、ある人生のなかに入っていくということである」

引用を重ねると、いくらでも引用したくなる。「分析されざるもの」を記述する文体そのものが、分析を拒む。全文引用したくなるくらいなら、書評の敗北である。

「もし目の前に神があらわれたら、どうか私たちを放っておいてください、私たちに介入しないでくださいと頼むと思う」……この徹頭徹尾世俗的な姿勢が、彼をフィールドワーカーに、そして社会学者にしている。

社会学者とは、自分のなかよりも他人のなかに謎があると感じて、そのもとへ赴くおせっかいな職業だ。膨大な資料や記述を目の前にして、「で、それで?」という問いに立ちすくむ。だからむりやりつじつまを合わせるのだけれど、つじつまの合わないことがたくさんとりこぼされることを覚えていなければならない。そして自分が書いたものよりももっとたくさんの書かなかったことを、覚えておこうと思う。

第3の近代、ケアの社会国家へ

ちの選択である。

『ケアの社会　個人を支える政治』の原題は『個人の政治 La Politique de l' individu』。「ケアの社会」はごく一部にしか出てこない。それを「ケアの社会」と題したのは訳者たちの選択である。

「ケア」がマジックワードになっている昨今、そのほうが読者にアピールすると考えたのかもしれないが、著者ファビエンヌ・ブルジェールが原題に込めた意味は読みすすむにつれて明らかになる。それは「個人」という理念を最大限守りながら、いかにしてネオリベ的な功利的個人主義から区別するかという問いと、著者が格闘しているからである。

『当事者主権』の共著者であるわたし自身も、この概念をネオリベ的な「自己決定」と短絡的に理解しようとするひとびとに抗してきた。２０１６年4月から施行された障害者差別解消法には、「差別」の禁止のみならず、「合理的な配意」を提供する義務が書き込まれた。「配慮」を受けるからといって、個人が自律をそこなわれる理由は何ひとつない。依存的な存在——著者はそれを「脆弱性」と呼ぶ——に適切な配慮をともないながら、個人の自律を守るのが、「ケアの社会」の課題だからである。

日本の保守政治家は、憲法の「個人」や「人権」すら西欧由来の個人主義によると、蛇《だ》蝎《かつ》のごとくいみきらうが、ブルジェールは「個人」を西欧に固有のものとは考えない。そして普遍的価値としての「個人」の理念を断固として守ろうとする。

だがその個人は、もはやネオリベ的な主体ではなく、依存の網の目のもとにおかれた「ニーズの主体」なのだ。社会国家の役割とは、ネオリベ的な「レッセフェール」ではなく、脆弱な個人への配慮である。それを実現するのが、ジェンダー、人種、障害、性的指向などに対する「承認」を求める闘争である。彼女は私的所有にもとづく「第1の近代」、福祉国家の再分配にもとづく「第2の近代」と区別して、「支え」にもとづく自律的個人からなる「社会国家」を実現する「第3の近代」を構想する。

本書は「個人」の再定義をめぐる社会、政治、能力などの概念の再配置を、西欧哲学の系譜のなかに位置づける壮大な挑戦である。その意図のわりに、用語の説明不足や議論の粗さから、読者はとりのこされる感がある。だが、少なくとも同時代の世界の各地で、依存的な個人の尊厳を守りつつ、同時に個人の自律をつらぬこうとする試みが行われていることに、読者は励まされるだろう。

個人と国家のあいだを設計する

山本理顕といえば、熊本ではちょっと知られた建築家である。細川護熙知事時代に、磯崎新をコミッショナーに「熊本アートポリス」構想を展開。公共建築や交番などの設計を気鋭の建築家に依頼して各地に斬新な建物を建てた。「殿様の道楽」とも呼ばれたが、合計67にのぼる県内各地の建築を行脚すれば現代建築巡礼になるというので、多くの建築家志望の若者を熊本にひきつけたことでも有名である。

山本さんはそのなかで熊本市内の県営住宅、保田窪団地の建て替えを担当した。計110戸4階建て4棟の集合住宅が中庭をコモンスペースとして取り囲む、ユニークな設計で知られている。だが、入居した居住者にはすこぶる評判が悪かった。

わたしは1991年の竣工から8年後に東京大学社会学研究室と建築学研究室の学生・院生を引き連れて現地に入って居住者調査を実施したから、よく知っている。LDKと各居室とを空中の渡り廊下でつなぐ設計は、冬寒く夏暑く、台風の季節には下から雨がまいあがった。設計、施工、管理のどの段階の問題かはわからないが、年間雨量の多い熊本で、居住者から雨漏りの苦情が寄せられた。

その山本さんの新刊『**権力の空間／空間の権力　個人と国家の〈あいだ〉を設計せよ**』を、熊本の読者に紹介するのには感慨がある。

モニュメントを設計したい建築家は権力の僕《しもべ》。住宅設計を重視しない。だが山本さんは日本で住宅についてもっとも真剣に考えぬいてきた建築家である。社会学者のわたしともいくつも対論がある。拙著『**家族を容れるハコ、家族を超えるハコ**』に収められている。

本書はその思想の到達点ともいうべき苦闘の成果である。住宅について考えぬくとは、そこに住む家族と、その集合からなるコミュニティとについて考えぬくということを意味する。副題の「個人と国家の〈あいだ〉」とは意味深長だ。近代の国民国家とは、近代家族の容《い》れものである住宅と国家のあいだを文字どおり「無人地帯」として、そのあいだのつながりを断った。このつながり（コミュニティ）こそが「公共圏」「市民領域」、ハンナ・アーレントの用語ではポリスと呼ばれるものだ。

空間の設計についてとことん原理的に考えぬくことで、山本さんは政治学者、市民社会論者、家族社会学者などが発見してきた近代国家の成り立ちの根源に、同じようにたどりつく。なるほど「設計」とは英語でいえばデザイン。建築は公権力によるソーシャル・デザイン（社会設計）の一端を担ってきたのだ。

権力は空間を通じて社会を設計しようとする。建築家にとって問題は、その空間の利用者と発注者とが異なるということだ。保田窪団地調査では、住民のさまざまな苦情から防波堤となって「建築家を守った」と自負する県の担当者にも会った。

だが、あれから10年。建築家は試行錯誤を積み重ねて進化した。その過程で、彼はコンペで獲得した群馬県邑楽《おうら》庁舎の設計に、住民のワーキンググループとともにたずさわる。住民参加の体現のようだった多目的庁舎は、その後、町長選での政権交代によってくつがえされる。納得できない彼は他の建築家と共に、自治体を相手どって集団訴訟を起こした。

今なら……山本さんの保田窪団地の設計は以前とは異なったものになっていただろう。建築家の試行錯誤の対象になったことは住民にとって不本意かもしれないが、建築家がその経験から本気で学んだことだけは確実に伝わる本だ。

第7章

ことばと文化のゆくえ

加藤周一と「九条の会」

２０１５年には鶴見俊輔さんを送ったが、それ以前に加藤周一さんも08年に冥界に旅立たれた。鶴見さんも加藤さんも、このひとが同時代を生きていてくれてよかった、と思えるひとたちだ。わたしはおふたりに10代の頃から影響を受けてきた。高校生のときから「思想の科学」の読者だったし、加藤さんの『**羊の歌**』は、知的に早熟だが性的におくて、頭でっかちで孤独な少女時代のわたしの愛読書だった。

同じ本を、必要に迫られて読み直す機会があった。あらためてその文体の抑制と節度、自己批評性と諧謔《かいぎゃく》、明晰《めいせき》さと感傷の排除に触れて、そうだった、わたしはあの頃、こんな文章を書きたいと思ったのだ、と思い出した。

タイミングよく成田龍一さんの労作、『**加藤周一を記憶する**』が刊行され、そのなかで成田さんは加藤さんを「知識人とは何かと問いつづけ、知識人として生きたひと」と呼ぶ。旧制高校的教養主義に裏打ちされ、豊富な海外体験にもとづく複数の語学力を持ち、西洋文化への理解のみならず日本文化への造詣が深く、詩と文芸に傾倒し、豊かな感情生活と美食や旅、自然を愛する偉大なディレッタント。このひとに比べれば戦後の知識人はどれも小粒に見える。

とりわけ成田さんの、加藤さんによる『日本文学史序説』の読解にはうならされた。史書、詩歌、漢詩文、仏書、儒書、芸談、演劇、口承文芸に至るまで浩瀚なテクストを視野に収め、しかも通史を単独で書く加藤さんもタダ者でないが、同じようにこれだけ幅のある「文学史」を的確に評する評者もめったにいるものではない。

軍国主義を「頭の悪い時代錯誤」と見て、終戦の日をはればれとした解放感をもって迎えた。戦時下で庶民と運命を共にしようと決意した小林秀雄の自己陶酔とはきわだった対照をなす、この「明晰さにおいて秀でた思想家」を、成田さんはいくらかの批評をこめて「高みの見物」と名づける。彼は変革者ではなく解釈者、関与者ではなく観察者であり、自らを集団と運命を共にしない「傍観者」「よそ者」と呼んだ。この現実からの距離のとり方も、のちに「境界人」(カール・マンハイム)の学問である社会学を志すことになったわたし自身の、当時の「居場所のなさ」に呼応していたかもしれない。

ところが加藤さんは、後半生になって現実へのコミットを始める。04年に呼びかけ人9名(三木睦子、加藤周一、鶴見俊輔、梅原猛、奥平康弘、澤地久枝、小田実、井上ひさし、大江健三郎）からなる「九条の会」を発足。「傍観者として育った私は、遂《つい》に傍観者として終わるほかないのか」（『**続羊の歌**』）と嘆いた加藤さんは、60年安保闘争に立ち上がった学生を見て、こんな文章を残している。

「いわゆる『安保闘争』の未曽有の大衆動員は、国内問題であった。そのとき国民大衆と反対党が、岸内閣に求めたことは、こういうことである。新安保条約の批准については、国内の世論がわかれているから、議会を解散して民意に問え。――周知のように、時の与党は、衆議院の議席の絶対多数を占めていた。しかしその議席の配分を決定した総選挙は、『安保』の問題を争点として行われたのではなかった。しかも新安保条約の内容が次第に知れわたると共に、その議席の配分が、賛否の世論の配分を反映していないことが、いよいよあきらかになっていた。……しかし新安保条約は批准され、単独採決で新条約を可決した保守党は、秋の総選挙で、再び絶対多数を獲得した」

15年夏の安保法制反対闘争との類似性はおどろくばかりだ。岸退陣後、池田内閣による経済政策への回収が図られたこともアベノミクスへの誘導とそっくりだが、あの頃と今との大きな違いは、人口構造と国際環境がまったく変わってしまったことである。同じシナリオはもはや通用しない。

ディアスポラ知識人の国家へのリベンジ

自分が解説を書いたからというわけではないけれど、西川長夫さんの**『増補　国境の越え方　国民国家論序説』**は忘れがたい本だ。

1992年に筑摩書房から刊行された同名の著書を、増補版として平凡社ライブラリーに収録したもの。タイトルにあるとおり、日本人であることを越えようとする著者の執念の背景を、わたしは本書で初めて知った。

植民地生まれの引き揚げ者。利用するだけ利用して、大陸に「棄民」した日本国家に対して、西川長夫さんは恨み骨髄に徹していた。その後フランス研究者になったあとも、フランス崇拝者にはならなかった。

本書には彼の重要な論考、「文明と文化――その起源と変容」が収められている。フランス起源の文明 civilisation とドイツ起源の文化 Kultur を比較検討して、西川さんは、「文明」とは、普遍主義の形式をとったフランスのナショナリズムだと喝破《かっぱ》する。目からウロコ、だった。そうだったのか、そして、だからこそ、後発帝国主義国だった日本は、「文明」にコンプレックスを感じつつも、ドイツ出自の「文化」概念を採用したのか、と腑に落ちた。

もうひとつ、本書の功績は国民国家論ブームを日本にもたらしたこと。西川さんがいなかったら、90年代の日本で国民国家論はこれほど普及しなかっただろう。そのうち「どこを切っても金太郎飴」と国民国家論は揶揄《やゆ》されるようにまでなったが、それは普及の証だった。

この国民国家パラダイムのおかげで、第一に西欧と日本を同時代に置く比較史が可能になったのだし、第二に日本の国民国家における戦前と戦後の連続性を論じることができるようになった効果は大きい。そしてついでにいうなら、西川さんのこの本のおかげで、わたしは『**ナショナリズムとジェンダー**』を書くことができるようになったのだ。

本書は西川さんが、日本とフランスというふたつの国家に対して、痛罵《つうば》を浴びせたものと読める。13年に没した西川さんの遺著『**植民地主義時代を生きて**』に至るまで、彼の初心は一貫している。ディアスポラ知識人は、たったひとりでも、理論の力でリベンジを果たすのだ。

石牟礼道子、ことばの世界遺産

石牟礼道子さんに会うために、石牟礼さんの著作をたてつづけに何冊か読んだ。石牟礼さんのこの一冊といえば、言うまでもなく『**苦海浄土　わが水俣病**』。池澤夏樹さんの個人編集による『**世界文学全集**』全30巻には、たったひとつ日本語の作品として、『苦海浄土』が入っている。前世紀の文学から21世紀の世界へ届けることばの世界遺産があるとしたら、この一冊だろう。見識というべきだ。

石牟礼さんが『苦海浄土』を連載した頃、渡辺京二という同志にして編集者がいたことは知られている。編集者とは最初の読者でもあるが、実はもうひとり、彼女の原稿を最初に読んだ読者がいた。高群逸枝《たかむれいつえ》の夫にして『**高群逸枝全集**』全10巻の編者、橋本憲三である。１９６４年、石牟礼さんが37歳のとき、逸枝亡き後の「森の家」の後始末に橋本に請われて上京し、半年ばかり滞在している。『苦海浄土』はその滞在中に書き継がれた。

その折のことを書き綴ったのが『**最後の人　詩人　高群逸枝**』。同郷の出身だった橋本が熊本に引き揚げたあと、死ぬまで出しつづけた『**高群逸枝雑誌**』に連載されたものである。

未完だった連載が、40年ぶりに刊行された。高群逸枝論かと思えば、びっくり、「最後の人」とは橋本その人を指すらしい。

石牟礼さんが偶然、高群の著作に出合って魂をつかまれたのが、高群の死の直前だった。高群亡きあと、思慕の想《おも》いを共有した世代のちがう男女の共同生活が始まる。そのなかでの立ち居ふるまい、亡き妻のなまなましい思い出話、ふたりの暮らしぶりが綴《つづ》られる。高群とはどういうひとかは、回想をつうじてしかわからないが、高群を愛し、尽くし抜いた橋本という稀有《けう》な男性についてはよく伝わる。

わたしは『**〈おんな〉の思想**』のなかで、『苦海浄土』論を書こうとして苦しんだ。その最中に、奇遇のように『最後の人』が刊行されて、これで書ける、と思った。

石牟礼さんが橋本と共に、もうひとり「最後の人」と呼んだ男がいる。谷川雁《がん》である。谷川さんはとっくに死んだ。吉本隆明さんも死んだ。小田実《まこと》さんも山口昌男さんも亡くなった。谷川さんは存命中に会ってみたかった、この目でどんな男か見てみたかった、と思う数少ない男性のひとりである。工作者にして女性に対しては誘惑者。2児の母だった人妻の森崎和江さんを婚家から誘いだし、澁澤龍彦の妻だった故矢川澄子さんを家出させた。色気のある牡《おす》、だったという。

その谷川さんが『最後の人』に出てくる。谷川の『**原点が存在する**』から「……二十世紀の『母達』はどこにいるのか。寂しい所、歩いたもののない、歩かれぬ道はどこにあるか。（中略）『段々降りてゆく』よりほかないのだ。下部へ、下部へ、根へ、根へ、花咲かぬ処《ところ》へ……」を引用して、石牟礼さんは「それは雁さん、私たちのところです」ときっぱり言う。

石牟礼さんはこうやって男の思想、男のことばから訣別《けつべつ》したのだ。そう思ったら、なぜ石牟礼さんに『苦海浄土』が書けたのか、石牟礼さんでなければ書けなかったのか、がわかったような気がした。

熊本へ行くまえ、仕事をしているアラフォーの女性に「これから石牟礼さんに会いに行くのよ」と洩《も》らしたら、「そのひと、誰ですか」と返されて仰天した。「『苦海浄土』読んだことある?」「ありません」「水俣病って知ってる?」。さすがにそれは知っていた。後日メールが来て、彼女の同世代の同業者10人の女性に聞いたところ、石牟礼さんを知っているのはひとりもいなかったという。ううむ。こうやって「世界遺産」は忘れ去られていく。ミナマタもまた……?

石牟礼道子の創作の秘密

石牟礼道子さんの『**最後の人　詩人　高群逸枝**』はふしぎな本だ。高群逸枝《たかむれいつえ》の評伝のはずなのに、『最後の人』とは、彼女ではなくその夫、橋本憲三を指すように読める。巫女《みこ》高群に「神に仕えるように」仕えた「人」、高群の全集の編集者であり、全生涯を通じて彼女のプロデューサーであった男性である。

石牟礼さんが高群を知ったとき、高群はすでに死の直前だった。生前会うことのかなわなかった女性の夫と、故人の記憶をたどり、その思慕の思いを共にする。描かれているのは、亡妻を恋う年長の男へのやみがたい思慕であり、妻に仕えぬいた夫との間でつくりあげたまれな夫婦関係への賛仰である。

高群が「門外不出・面会謝絶」の札を掲げて女性史研究に没頭したという伝説の「森の家」。高群の死後にそこを閉じて、郷里水俣へ帰った橋本が出し続けた「高群逸枝雑誌」に書かれた未完の連載がもとになっている。それに覚書やノート、さらに著者へのインタビューが補遺としてつけ加えられた。書かれたのは１９７０年代。40年を経て未完の原稿をよみがえらせたのは、藤原書店の藤原良雄である。同じ時期に石牟礼は名作『**苦海浄土**』を書き継いでいる。その最初の読者は橋本であった。

平塚らいてうは高群を「魂の妹」と呼び、らいてうの伝記を書けるのは自分しかいないと高群は宣言した。その高群に石牟礼は魂を揺り動かされ、憲三はその石牟礼を高群に「うりふたつ」だと請け合う。石牟礼を支え世に出した編集者は、渡辺京二である。

血脈がなくとも互いに響き合う三世代の「母祖」の系譜に、著者自身もみずからをなぞらえているに違いない。文体はあるときは逸枝に同化し、あるときは憲三に憑依《ひょうい》し、おのれの枠を超えて縦横に天かける。それは口寄せの巫女《いたこ》の口ぶりをほうふつとさせる。

結局、高群について知るよりも、石牟礼という作家の創作の秘密を知るにはかっこうのテキストかもしれない。

歴史家、色川大吉の黙示録

色川大吉さんの対談集『**あの人ともういちど　色川大吉対談集**』が出た。全部で17本、登場するのは19人。同業の歴史家、安丸良夫さんや鹿野政直さんから、作家色川武大さん、女優の高峰秀子さんまで多彩。テーマは歴史にとどまらず、映画、民話、美術、沖縄、原発と多様。時期は１９７８年から最新の２０１４年まで。著者の53歳から89歳までの対話の集積である。

媒体は新聞から全集解説、出版社のＰＲ誌に、勤務先の大学の学報、それに劇団のパンフレットまで。タイトルの「あの人ともういちど」が示唆するように、物故者が21人中９人。女性は21人中５人。４００ページに近いハードカバーで、少々お値段は高いが、ずっしりした中味からいえばおトク感がある。

色川さんといえば、水俣と縁が深い。石牟礼道子さんの懇請を受けて「不知火海学術調査団」を組織し、１９７０年代に10年にわたって現地入りをし、『**水俣の啓示**』を著した。本書には、熊本日日新聞に掲載された宮本常一さんとの対談が収録されている。編集担当役員（当時）の平野敏也さんが司会にあたっている。この稀代の民俗学者との出会いは、50代の色川さんの気負いもあってか、本人も認めるように「噛み合っていない」。

各対談に寄せられた色川さんの短い回顧メモが、おもしろい。女性史家の山崎朋子さんとの出会いにはなにやらエロスを感じるし、「文壇の権威」になっていた安岡章太郎さんに対しては、その権威主義に辛辣な評を浴びせる。

対談というのは、話し言葉による気のゆるみもあって、相手によってホンネが引きだされてしまう怖い芸でもある。これだけの対話を通じて、色川さんの多面性が相手によってあぶり出されてくる。それには、ご本人の言う「ふつうでない経歴」――軍隊から帰って演劇人を経験したあと、遅咲きの歴史家になったが、その間も登山と中央アジアへの冒険旅行をやめず、市民運動にふかくかかわった――が影響しているだろう。

わたしはこのひとと会ったときに、明治についてやたらと詳しいので、明治生まれか（そんなことはありえないが！）と錯覚したくらいだ。対談中なんと言ってもおもしろいのは、明治について、あたかも隣人の噂話をするように談論風発する歴史家同士のやりとりだろう。いわば色川さんのホームグラウンドで、ホストを務める趣きである。

もうひとつ、市民運動家としての経験が鋭く生きているのは、原発と水俣について語りあった広瀬隆さんとの対談と、沖縄返還をめぐる新川明さんとの対談である。歴史家は「過去の墓掘人」であるだけでなく、「未来への予言者」ともなる。だからこそ、その発言の射程が問われるのだが、

「広瀬　あと百年後に、(中略)見事な大自然の中に鋼鉄製のドームがあって、(中略)何十キロにもわたって人が住めなくなっている。

色川　老樹鬱蒼たる間にほの見ゆる原野が果てしなくひろがり……。

広瀬　月光が霧に吸われて、白く差し込んでいる」

という黙示録的なビジョンには、心底震撼した。86年のチェルノブイリ事故に先立つこと2年前の対談である。最近、田中角栄を英雄視するブームが起きているが、原発列島をつくった主犯格の一人であることを、ふたりは思い出させてくれる。

「このような政治を許してきているということは、われわれの次の世代に対する重大な責任だと思いますね。もし、このあとも生きられるとしたら」と色川さんは言う。

ミナマタの後にフクシマを許した私たちは、次の世代にどんな責任をとればいいのだろうか。

あとがき

「時局発言」というタイトルは、誰かが思いつきそうな気がしたので、編集部に調べてもらった。そうしたら、いまのところその書名で刊行されている本はないことが判明した。「時局」とは不穏なことばである。一部のひとにとっては、ただちに戦時中を連想するかもしれない。「かような時局につき…」と言われれば、「非常時」であることが含意されている。「時局」とは逆らえない時流の流れで、「迎合」したり「同調」したりするものだ。そして「時局」は早い速度で変わるから、「時局発言」も賞味期限が短いと考えられている。

どこかの誰かのように、わたしは自分の発言が100年後に残るだろう、なんてオプティミズムを持たない。社会学者なんて時代を追っかけるのが仕事、時代が変われば忘れ去られてしまうだろう。だが、その時代の「いま」をつくるアクターのひとりであることへの、自負ぐらいはある。それならせいぜい時代の空気を思いっ切り呼吸して、鮮度のよい発言を続けたい。そう思った。

だから本書はただの書評集ではない。

「毎日読書日記」はわたしにとって「論壇時評」を執筆するような役割を果たした。だが自分の関心に沿って本を選ぶことができるので、もっと自由に書けた。同時期に熊本日日新聞に、これも複数の執筆者のローテーションで「○○が読む」という読書コラムを書かせてもらった。これは本を1冊だけ選べばよいので、もっと自由に書けた。熊本ローカルの読者を念頭に置いて、書評を書くという工夫もした。制約のない書き方を許してくれるこの欄がなければ、元「少年A」の『絶歌』をとりあげることはなかっただろう。そのほかに地方紙などから依頼された書評から、いくつかを採用して一書を編んだ。

本書をこのようなかたちで世に送り出すことに同意してくださったWAVE出版社長の玉越直人さんと編集者の中野園子さん、寺門侑香さんにふかく感謝する。おふたりには、どたん場で迷惑をおかけしたが、おかげで納得のいくものができたと思う。毎日新聞をはじめ、わたしに書評の機会を与えてくださった各媒体の記者や編集者の方たちにも感謝したい。そして毎月、「読書日記」を楽しみにしてくださった読者の方たちにも。

２０１７年１月

ますます不穏になる時局にあたって

上野千鶴子

紹介書籍●索引

あ

アーレント・ハンナ著、大久保和郎訳『イェルサレムのアイヒマン―悪の陳腐さについての報告』、1969年、みすず書房

相川祐里奈著『避難弱者―あの日、福島原発間近の老人ホームで何が起きたのか?』、2013年、東洋経済新報社

青木聡子著『ドイツにおける原子力施設反対運動の展開：環境志向型社会へのイニシアティヴ』、2013年、ミネルヴァ書房

赤石千衣子著『ひとり親家庭』、2014年、岩波書店

秋草鶴次著『十七歳の硫黄島』、2006年、文藝春秋

阿古真理著『小林カツ代と栗原はるみ 料理研究家とその時代』、2015年、新潮社

朝日新聞社「原発とメディア」取材班著『原発とメディア2 3・11責任のありか』、2013年、朝日新聞出版

アトキンソン・B・アンソニー著、山形浩生・森本正史訳『21世紀の不平等』、2015年、東洋経済新報社

阿部彩著『子どもの貧困2―解決策を考える』、2014年、岩波書店

雨宮まみ著『女子をこじらせて』、2011年、ポット出版

綾屋紗月・熊谷晋一郎著『発達障害当事者研究：ゆっくりていねいにつながりたい』、2008年、医学書院

荒井裕樹著『生きていく絵―アートが人を〈癒す〉とき』、2013年、亜紀書房

新雅史著『「東洋の魔女」論』、2013年、イースト・プレス

有吉佐和子著『恍惚の人』、1972年、新潮社

アレクシエーヴィチ・スヴェトラーナ著、三浦みどり訳『戦争は女の顔をしていない』、2016年、岩波書店

アレクシエーヴィチ・スヴェトラーナ著、松本妙子訳『チェルノブイリの祈り―未来の物語』、2011年、岩波書店

『池澤夏樹=個人編集 世界文学全集』全30巻、2007～11年、河出書房新社

石井クンツ昌子著『「育メン」現象の社会学―育児・子育て参加への希望を叶えるために』、2013年、ミネルヴァ書房

石原孝二編『当事者研究の研究』、2013年、医学書院

石田久仁子・井上たか子・神尾真知子・中嶋公子編著『フランスのワーク・ライフ・バランス 男女平等政策入門：EU、フランスから日本へ』、2013年、パド・ウィメンズ・オフィス

石牟礼道子著『苦海（くがい）浄土―わが水俣病』、1969年、講談社

石牟礼道子著『最後の人 詩人 高群逸枝』、2012年、藤原書店

磯野真穂著『なぜふつうに食べられないのか 拒食と過食の文化人類学』、2015年、青土社

井手英策著『日本財政 転換の指針』、2013年、岩波書店

井上理津子著『さいごの色街 飛田』、2011年、筑摩書房

伊藤比呂美著『女の絶望』、2008年、光文社

伊藤比呂美著『閉経記』、2013年、中央公論社

伊藤雅子著『女のせりふ』『続女のせりふ』、2014年、福音館書店

伊藤守著『テレビは原発事故をどう伝えたのか』、2012年、平凡社

今井COCO著『アダチャ稼業』、2007年、イプシロン出版企画

今井COCO著『親友はエイズで死んだ 沙耶とわたしの2000日』、2014年、青土社

色川大吉著『五日市憲法とその起草者たち』、2015年、日本経済評論社

色川大吉編著『あの人ともういちど 色川大吉対談集』、2016年、日本経済評論社

色川大吉著『水俣の啓示―不知火海総合調査報告』〈上・下〉、1983年、筑摩書房

岩崎稔・成田龍一著、上野千鶴子編『戦後思想の名著50』、2006年、平凡社

岩波書店編集部編『18歳からの民主主義』、２０１６年、岩波書店
岩波書店編集部編『私の「戦後民主主義」』、２０１６年、岩波書店
岩村暢子著『変わる家族　変わる食卓─真実に破壊されるマーケティング常識』、２００９年、中央公論新社
上野千鶴子著『上野千鶴子が文学を社会学する』、２００３年、朝日新聞社
上野千鶴子著『上野千鶴子の選憲論』、２０１４年、集英社
上野千鶴子著『女たちのサバイバル作戦』、２０１３年、文藝春秋
上野千鶴子『〈おんな〉の思想　私たちは、あなたを忘れない』、２０１６年、集英社文庫
上野千鶴子著『家族を容れるハコ　家族を超えるハコ』、２００２年、平凡社
上野千鶴子著『家父長制と資本制─マルクス主義フェミニズムの地平』、２００９年、岩波書店
上野千鶴子著『ナショナリズムとジェンダー』『ナショナリズムとジェンダー新版』、１９９８・２０１２年、青土社・岩波書店
上野千鶴子・小笠原文雄著『上野千鶴子が聞く　小笠原先生、ひとりで家で死ねますか？』、２０１３年、朝日新聞出版
内田雅敏著『想像力と複眼的思考─沖縄・戦後補償・植民地未清算・靖國』、２０１４年、スペース伽耶
宇野重規著『民主主義のつくり方』、２０１３年、筑摩書房
宇野重規・田村哲樹・山崎望著『デモクラシーの擁護』、２０１１年、ナカニシヤ出版
浦河べてるの家著『べてるの家の「当事者研究」』、２００５年、医学書院
エーヴ・キュリー『キュリー夫人伝』、２０１４年、白水社
海老原嗣生著『女子のキャリア─〈男社会〉のしくみ、教えます』、２０１２年、筑摩書房
遠藤薫著『廃墟で歌う天使─ベンヤミン「複製技術時代の芸術作品」を読み直す』、２０１３年、現代書館
遠藤薫著『メディアは大震災・原発事故をどう語ったか─報道・ネット・ドキュメンタリーを検証する』、２０１２年、東京電機大学出版局
遠藤典子著『原子力損害賠償制度の研究─東京電力福島原発事故からの考察』、２０１３年、岩波書店
大沢真理著『生活保障のガバナンス─ジェンダーとお金の流れで読み解く』、２０１４年、有斐閣
大島堅一著『原発のコスト─エネルギー転換への視点』、２０１１年、岩波書店
大槻奈巳著『職務格差　女性の活躍推進を阻む要因はなにか』、２０１５年、勁草書房
大野祥子著『家族する男性たち：おとなの発達とジェンダー規範からの脱却』、２０１６年、東京大学出版会
岡檀著『生き心地の良い町　この自殺率の低さには理由がある』、２０１３年、講談社
岡田充著『尖閣諸島問題─領土ナショナリズムの魔力』、２０１２年、蒼蒼社
岡野八代著『フェミニズムの政治学　ケアの倫理をグローバル社会へ』、２０１２年、みすず書房
岡村靖幸著『結婚への道』、２０１５年、マガジンハウス
荻上チキ著『彼女たちの売春《ワリキリ》　社会からの斥力、出会い系の引力』、２０１３年、扶桑社
沖藤典子著『それでもわが家から逝きたい』、２０１２年、岩波書店
奥田祥子著『男性漂流　男たちは何におびえているか』、２０１５年、講談社
奥平康弘・山口二郎編『集団的自衛権の何が問題か　解釈改憲批判』、２０１４年、岩波書店
小熊英二企画・製作・監督『ドキュメンタリー映画「首相官邸の前で」』、２０１５年、配給アップリンク
小熊英二著『生きて帰ってきた男　ある日本兵の戦争と戦後』、２０１５年、岩波書店
小熊英二編著『原発を止める人々─３・11から官邸前まで』、２０１３年、文藝春秋
小熊英二著『社会を変えるには』、２０１２年、講談社

か

開沼博著『「フクシマ」論』、2011年、青土社

加藤周一著『羊の歌―わが回想―』『続 羊の歌―わが回想―』、1968年、岩波書店

加藤哲夫著『市民のネットワーキング 市民の仕事術1』『市民のマネジメント 市民の仕事術2』、2011年、メディアデザイン

加藤文俊著『おべんとうと日本人』、2015年、草思社

金丸弘美著『田舎力―ヒト・夢・カネが集まる5つの法則』、2009年、日本放送出版協会

金丸弘美著『美味しい田舎のつくりかた：地域の味が人をつなぎ、小さな経済を動かす』、2014年、学芸出版社

金森絵里著『原子力発電と会計制度』、2016年、中央経済社

鹿野政直著『兵士であること 動員と従軍の精神史』、2005年、朝日新聞社

上岡陽江・大嶋栄子著『その後の不自由：「嵐」のあとを生きる人たち』、2010年、医学書院

亀山早苗著『人はなぜ不倫をするのか』、2016年、ソフトバンク・クリエイティブ

香山リカ著『新型出生前診断と「命の選択」』、2013年、祥伝社

川上量生著『鈴木さんにも分かるネットの未来』、2015年、岩波書店

川口有美子著『逝かない身体―ALS的日常を生きる』、2009年、医学書院

川口有美子著『末期《まつご》を超えて―ALSとすべての難病にかかわる人たちへ―』、2015年、青土社

川越厚著『家で死にたい―家族と看とったガン患者の記録』、1992年、保健同人社

川人明著『自宅で死にたい―老人往診3万回の医師が見つめる命』、2005年、祥伝社

岸政彦著『断片的なものの社会学』、2015年、朝日出版社

北原みのり・朴順梨著『奥さまは愛国』、2014年、河出書房新社

貴戸理恵著『女子読みのススメ』、2013年、岩波書店

木村千穂著『画文集 中庭の少女』、1998年、ヘルスワーク協会

木村幹著『日韓歴史認識問題とは何か 歴史教科書・「慰安婦」・ポピュリズム』、2014年、ミネルヴァ書房

久坂部羊著『老乱』、2016年、朝日新聞出版

工藤保則・西川知享・山田容編『〈オトコの育児〉の社会学　家族をめぐる喜びととまどい』、2016年、ミネルヴァ書房

くにたち公民館保育室問題連絡会編『学習としての託児―くにたち公民館保育室活動』、2014年、未来社

国立市公民館市民大学セミナー著『主婦とおんな―国立市公民館市民大学セミナーの記録』、1973年、未来社

熊谷奈緒子著『慰安婦問題』、2014年、筑摩書房

熊谷晋一郎著『リハビリの夜』、2009年、医学書院

栗崎由子著『女・東大卒、異国で失業、50代半ばから生き直し』、2014年、パド・ウィメンズ・オフィス

國分功一郎著『来るべき民主主義 小平市都道328号線と近代政治哲学の諸問題』、2013年、幻冬舎

後藤榮子著『認知症預かり介護所「めだかの学校」の物語』、2011年、書籍工房早山

小林エリカ著『光の子ども』1・2巻、2013・2016年、リトル・モア

小林エリカ著『マダム・キュリーと朝食を』、2014年、集英社

小林哲夫著『シニア左翼とは何か―反安保法制・反原発運動で出現』、2016年、朝日新聞出版

さ

最相葉月著『セラピスト』、2016年、新潮社

斎藤環著・訳『オープンダイアローグとは何か』、2015年、医学書院

佐江衆一著『黄落』、1995年、新潮社

酒井順子著『地震と独身』、2014年、新潮社

坂井律子著『いのちを選ぶ社会 出生前診断のいま』、2013年、NHK出版
坂井律子著『ルポルタージュ出生前診断―生命誕生の現場に何が起きているのか?』、1999年、日本放送出版協会
坂爪真吾著『男子の貞操：僕らの性は、僕らが語る』、2014年、筑摩書房
佐々木俊尚著『家めしこそ、最高のごちそうである。』、2014年、マガジンハウス
佐藤雅彦著『認知症になった私が伝えたいこと』、2014年、大月書店
佐藤雅浩著『精神疾患言説の歴史社会学―「心の病」はなぜ流行するのか』、2013年、新曜社
SAPIO編集部編『日本人が知っておくべき「慰安婦」の真実』、2013年、小学館
SEALDs編著『SEALDs 民主主義ってこれだ!』、2015年、大月書店
汐見文隆監修、脱原発わかやま編集委員会編『原発を拒み続けた和歌山の記録』、2012年、寿郎社
品田知美編、野田潤・畠山洋輔著『平成の家族と食』、2015年、晶文社
自民党の憲法改正草案を爆発的にひろめる有志連合 著『あたらしい憲法草案のはなし』、2016年、太郎次郎社エディタス
「ジレンマ+」編集部編『女子会2.0』、2013年、NHK出版
菅野完著『日本会議の研究』、2016年、扶桑社
鈴木涼美著『「AV女優」の社会学 なぜ彼女たちは饒舌に自らを語るのか』、2013年、青土社
鈴木大介著『最貧困女子』、2014年、幻冬舎
スパラコ・シモーナ著、泉典子訳『誰も知らないわたしたちのこと』、2013年、紀伊国屋書店
セイックラ・ヤーコ/アーンキル・トム・エーリク著、高木俊介/岡田愛訳『オープンダイアローグ』、2016年、日本評論社
「戦争と女性への暴力」リサーチ・アクション・センター編『日本人「慰安婦」愛国心と人身売買と』、2015年、現代書館
想田和弘著『日本人は民主主義を捨てたがっているのか?』、2013年、岩波書店
副田義也編『闘争性の福祉社会学―ドラマトゥルギーとして』、2013年、東京大学出版会

た

たかおまゆみ著『わたしは目で話します』、2013年、偕成社
高橋源一郎著『ぼくらの民主主義なんだぜ』、2015年、朝日新聞出版
高橋源一郎×SEALDs著『民主主義ってなんだ?』、2015年、河出書房新社
高橋幸男著『認知症はこわくない』、2014年、NHK出版
竹信三恵子著『家事労働ハラスメント―生きづらさの根にあるもの』、2013年、岩波書店
竹信三恵子著『しあわせに働ける社会へ』、2012年、岩波書店
田中尚輝著『社会を変えるリーダーになる「超・利己主義」的社会参加のすすめ』、2014年、明石書店
田中優子・法政大学社会学部編著『そろそろ「社会運動」の話をしよう』、2014年、明石書店
谷川雁著、松原新一編『原点が存在する 谷川雁詩文集』、2009年、講談社
谷崎潤一郎著『瘋癲老人日記』、1962年、中央公論新社
田畑精一著『さくら』、2013年、童心社
WHOリプロダクティブ・ヘルス部門編、麻鳥澄江・鈴木文訳『安全な中絶 医療保健システム技術および政策の手引き』、2012年、すぺーすアライズ
檀一雄+檀太郎・晴子著『完本檀流クッキング』、2016年、集英社
檀一雄著『檀流クッキング』、2002年、中央公論新社
檀太郎著『新・檀流クッキング』、1983年、集英社
檀晴子著『わたしの檀流クッキング』、1996年、中央公論社
茶園敏美著『パンパンとは誰なのか―キャッチという占領期の性暴力とGIとの親密性』、2014年、インパクト出版会

柘植あづみ著『生殖技術―不妊治療と再生医療は社会に何をもたらすか』、2012年、みすず書房

つどいの家『つながる力』、2013年、フェミックス

手塚治虫・ちばてつや・赤塚不二夫・水木しげる・弘兼憲史・秋元治ほか著『シリーズ漫画家たちの戦争（全6巻）』、2013年、金の星社

寺町みどり・寺町知正著『最新版 市民派議員になるための本―あなたが動けば社会が変わる』、2014年、WAVE出版

な

永山則夫『無知の涙』、1990年、河出書房新社

中井久夫著『復興の道なかばで 阪神淡路大地震一年の記録』、2011年、みすず書房

中井宏監修、岩崎眞弓・白石美佐子・中川洋子・中辻優・吉原邦明共著『誰も知らない最強の社会保障 障害年金というヒント』、2014年、三五館

長尾和宏・丸尾多重子著『ばあちゃん、介護施設を間違えたらもっとボケるで！』、2014年、ブックマン社

中澤まゆみ著『おひとりさまでも最期まで在宅―平穏に生きて死ぬための医療と在宅ケア』、2013年、築地書館

中西正司著『自立生活運動史 社会変革の戦略と戦術』、2014年、現代書館

中西正司・上野千鶴子著『当事者主権』、2003年、岩波書店

なかにし礼著、イラストレーション宇野亞喜良『絵本詩集 金色の翼』、2014年、響文社

中野一司著『在宅医療が日本を変える キュアからケアへのパラダイムチェンジ』、2012年、ナカノ会

永濱利廣著『男性不況―「男の職場崩壊」が日本を変える』、2012年、東洋経済新報社

中村仁一著『大往生したけりゃ医療とかかわるな』、2012年、幻冬舎

中山智香子著『経済ジェノサイド フリードマンと世界経済の半世紀』、2013年、平凡社

成田龍一著『加藤周一を記憶する』、2015年、講談社

西川長夫著『増補 国境の越え方―国民国家論序説』、2001年、平凡社

西川長夫著『植民地主義時代を生きて』、2013年、平凡社

新田國夫著『安心して自宅で死ぬための5つの準備』、2012年、主婦の友社

日本軍「慰安婦」問題ｗｅｂサイト制作委員会編、吉見義明・西野瑠美子・林博史・金富子責任編集『Ｑ＆Ａ「慰安婦」・強制・性奴隷 あなたの疑問に答えます』、2014年、御茶の水書房

二村ヒトシ著『すべてはモテるためである』、2012年、イースト・プレス

二村ヒトシ・岡田育・金田淳子共著『オトコのカラダはキモチいい』、2015年、メディアファクトリー

野上元・福間良明編『戦争社会学ブックガイド：現代世界を読み解く132冊』、2012年、創元社

のりこえねっと編『ヘイトスピーチってなに？レイシズムってどんなこと？』、2014年、七つ森書館

は

朴裕河著『帝国の慰安婦 植民地支配と記憶の闘い』、2014年、朝日新聞出版

朴裕河著『和解のために 教科書・慰安婦・靖国・独島』、2006年、平凡社

橋爪大三郎・小林慶一郎著『ジャパン・クライシス：ハイパーインフレがこの国を滅ぼす』、2014年、筑摩書房

橋本健二著『はじまりの戦後日本 激変期をさまよう人々』、2016年、河出書房新社

橋本憲三編『高群逸枝雑誌』、1966年から76年まで全31号発行、高群逸枝雑誌編集室

橋本憲三編『高群逸枝全集全10巻』、1966〜67年、理論社

濱口桂一郎著『働く女子の運命』、2015年、文藝春秋

林香里・谷岡理香編著『テレビ報道職のワーク・ライフ・アンバランス：13局男女30人の聞き取り調査から』、2013年、大月書店
林田敏子著『戦う女、戦えない女：第一次世界大戦期のジェンダーとセクシュアリティ』、2013年、人文書院
東田勉著『認知症の〈真実〉』、2014年、講談社
樋口美雄・太田清・家計経済研究所編『女性たちの平成不況―デフレで働き方・暮らしはどう変わったか』、2004年、日本経済新聞社
ピケティ・トマ著、山形浩生・守岡桜・森本正史訳『21世紀の資本』、2014年、みすず書房
ビナード・アーサー著、岡倉禎志写真『さがしています』、2012年、童心社
平井和子著『日本占領とジェンダー 米軍・売買春と日本女性たち』、2014年、有志舎
フィンケル・デイヴィッド著、古屋美登里訳『帰還兵はなぜ自殺するのか』、2015年、亜紀書房
福岡愛子著『日本人の文革認識』、2014年、新曜社
福岡愛子著『文化大革命の記憶と忘却』、2008年、新曜社
福島智著『盲ろう者として生きて―指点字によるコミュニケーションの復活と再生』、2011年、明石書店
福島令子著『さとしわかるか』、2009年、朝日新聞出版
福間良明・野上元・蘭信三・石原俊編『戦争社会学の構想 制度・体験・メディア』、2013年、勉誠出版
藤澤三佳著『生きづらさの自己表現 アートによってよみがえる「生」』、2014年、晃洋書房
武相民権運動百年記念実行委員会編・発行『続・憲法を考える 五日市憲法百年と戦後憲法』、1983年
麓幸子著『就活生の親が今、知っておくべきこと』、2011年、日本経済新聞社
古市憲寿著『誰も戦争を教えてくれなかった』、2013年、講談社
ブルジェール・ファビエンヌ著、原山哲・山下りえ子・阿部又一郎訳『ケアの社会：個人を支える政治』、2016年、風間書房
古谷経衡著『ネット右翼の終わり ヘイトスピーチはなぜ無くならないのか』、2015年、晶文社
ベック・ウルリッヒ著、川端健嗣＋ステファン・メルテンス訳『世界内政のニュース』、2014年、法政大学出版局
保阪正康著『戦場体験者 沈黙の記録』、2015年、筑摩書房
本田一成著『主婦パート 最大の非正規雇用』、2010年、集英社

ま

松木洋人著『子育て支援の社会学―社会化のジレンマと家族の変容』、2013年、新泉社
松竹伸幸著『慰安婦問題をこれで終わらせる。』、2015年、小学館
三浦雅之・三浦陽子著『家族野菜を未来につなぐ：レストラン「粟」がめざすもの』、2013年、学芸出版社
溝口紀子著『性と柔：女子柔道史から問う』、2013年、河出書房新社
水無田気流著『シングルマザーの貧困』、2014年、光文社
みやぎ宅老連絡会・甘利てる代著『「証言」～3・11宅老所の真実～』、2013年、パド・ウィメンズ・オフィス
宮崎和加子・日沼文江著『生き返る痴呆老人―グループホーム「福さん家」での暮らしと実践』、2003年、筑摩書房
宮本太郎著『社会的包摂の政治学：自立と承認をめぐる政治対抗』、2013年、ミネルヴァ書房
ミュールホイザー・レギーナ著、姫岡とし子監訳『戦場の性 独ソ戦下のドイツ兵と女性たち』、2015年、岩波書店
六車由美著『驚きの介護民俗学』、2012年、医学書院
牟田和恵著『部長、その恋愛はセクハラです！』、2013年、集英社
村上龍著『13歳のハローワーク』、2003年、幻冬舎
村山富市・和田春樹編『慰安婦問題とアジア女性基金』、2014年、青灯社

元少年A著『絶歌　神戸連続児童殺傷事件』、2015年、太田出版
桃山商事著『二軍男子が恋バナはじめました。』、2014年、原書房
森まゆみ編『異議あり！新国立競技場―2020年オリンピックを市民の手に』、2014年、岩波書店
森川すいめい『その島のひとたちは、ひとの話をきかない　精神科医、「自殺稀少地域」を行く』、2016年、青土社
師岡康子著『ヘイト・スピーチとは何か』、2013年、岩波書店

や

柳本文貴著『認知症「ゆる介護」のすすめ』、2015年、メディカ出版
山秋真著「原発をつくらせない人びと　祝島から未来へ」、2012年、岩波書店
山秋真著『ためされた地方自治　原発の代理戦争にゆれた能登半島、珠洲市民の13年』、2007年、桂書房
山口香著『日本柔道の論点』、2013年、イースト・プレス
山崎望著『来たるべきデモクラシー 暴力と排除に抗して』、2012年、有信堂高文社
山崎望編『奇妙なナショナリズムの時代 排外主義に抗して』、2015年、岩波書店
山崎章郎著『病院で死ぬということ』、1996年、文藝春秋
山崎章郎・二ノ坂保喜著、米沢慧編『病院で死ぬのはもったいない』、2012年、春秋社
山下祐介・開沼博編著『「原発避難」論―避難の実像からセカンドタウン、故郷再生まで』、2012年、明石書店
大和彩著、小山健イラスト『失職女子。～私がリストラされてから、生活保護を受給するまで』、2014年、WAVE出版
山本理顕著『権力の空間／空間の権力　個人と国家のあいだを設計せよ』、2015年、講談社
ヤング・アラン著、中井久夫・大月康義・下地明友・内藤あかね・辰野剛訳『PTSDの医療人類学』、2001年、みすず書房
湯浅誠著『どんとこい、貧困！』、2011年、イースト・プレス
湯山玲子著『男をこじらせる前に　男がリアルにツラい時代の処方箋』、2015年、KADOKAWA／角川書店
湯山玲子・二村ヒトシ著『日本人はもうセックスしなくなるのかもしれない』、2016年、幻冬舎
吉田裕著『兵士たちの戦後史』、2011年、岩波書店
米村みゆき著『〝介護小説の風景 高齢社会と文学』、2008年、森話社

ら

ラートカウ・ヨアヒム著、海老根剛・森田直子訳『自然と権力―環境の世界史』、2012年、みすず書房
ラートカウ・ヨアヒム著、海老根剛・森田直子訳『ドイツ反原発運動小史―原子力産業・核エネルギー・公共性』、2012年、みすず書房
ラクラウ・エルネスト、ムフ・シャンタル著『民主主義の革命』、2012年、筑摩書房
ロバーツ・メアリー・ルイーズ著、佐藤文香監訳、西川美樹訳『兵士とセックス 第二次世界大戦下のフランスで米兵は何をしたのか？』、2015年、明石書店

わ

和歌山静子著『くつがいく』、2013年、童心社
綿貫礼子編著『放射能汚染が未来世代に及ぼすもの』、2012年、新評論
和田春樹著『慰安婦問題の解決のために アジア女性基金の経験から』、2015年、平凡社

初出（以下をもとに編集）

・『毎日新聞』（2012年〜2016年）
・『熊本日日新聞』（2012年〜2016年）
・『京都新聞』（2015年3月29日）
・『週刊医学界新聞』（医学書院、2016年1月11日）
・『ふらんす』（白水社、2016年7月号）
・『こころ』vol.19（平凡社、2014年6月22日）

上野千鶴子（うえの・ちづこ）

専門は女性学、ジェンダー研究。京都大学大学院卒業、社会学博士。現在、東京大学名誉教授、立命館大学大学院先端総合学術研究科特別招聘教授。認定NPO法人ウィメンズアクションネットワーク理事長。

著書に『近代家族の成立と終焉』（サントリー学芸賞受賞）、『おひとりさまの老後』『男おひとりさま道』『ケアの社会学』ほか。平成23年度朝日賞受賞。

時局発言！
読書の現場から

2017年 2月25日 第1版第1刷発行

著　者　　上野千鶴子
発行者　　玉越直人
発行所　　WAVE出版
〒102-0074　東京都千代田区九段南4-7-15
TEL 03-3261-3713　FAX 03-3261-3823
振替 00100-7-366376
E-mail: info@wave-publishers.co.jp
http://www.wave-publishers.co.jp
印刷・製本　中央精版印刷株式会社

NDC304　222p　ISBN978-4-86621-044-5